YUAN FANG QING POEM COLLECTION

远方情
诗集

SHU YI
舒意

(IN CHINESE)
(中文)

Copyright © 2021 SHU YI

All rights reserved

权利保留

侵权必究

ISBN: 978-1-7378679-2-0

ISBN: 978-1-7378679-3-7 (ebook 电子书)

内容简介

本诗集六百二十六首诗。作者常居中国、美国、英国。旅游：法国、意大利、加拿大、墨西哥、加勒比等，风景人文触景生情而作。万水千山瀚空草树青，千言万语世间人文景。

作者 舒意

作者简介

我是七十多岁的老人,在基层建筑单位工作三十多年,作过建筑工的多项技术工和多年基层各种管理工作,直到退休。子女在国外奖学金完成学业,定居海外,退休后随子女漂游欧洲、美洲十多年,观赏世景,体味人文,随兴而作诗文。

Table of Contents （目录）

1. 海外孤独 1
2. 英国旅游沿途情景 1
3. 牧场 1
4. 比利时溪宅 1
5. 古宅 2
6. 历史 2
7. 臣民联想 2
8. 邱吉尔纪念馆 3
9. 英国皇家林园 3
10. 泰晤士河岸景 3
11. 城堡联想 4
12. 草坪裸晒人 4
13. 裸晒梦 4
14. 英国皇权 5
15. 歌女 5
16. 老街路忆昔 5
17. 林溪别墅 5
18. 背包步游 6
19. 触目思昔 6
20. 故土静思 6
21. 昔日帝国 7
22. 故乡忆祖 7

23. 威尼斯 7
24. 巴黎 7
25. 今昔 8
26. 乞讨 8
27. 史事画 8
28. 候诊 9
29. 乘马车街游 9
30. 泥瓦工 9
31. 搭架工 9
32. 罗马斗兽场 10
33. 斗兽场奇迹 10
34. 夏日雪山湖景 10
35. 夏日雪山下 11
36. 雪山峰 11
37. 海景 11
38. 打高尔夫球 11
39. 波多马克河 12
40. 妻管严 12
41. 除夕夜 12
42. 原始森林 13
43. 波多马克河 13
44. 世事 13
45. 首次坐飞机 13

46.	家景	14
47.	峡谷漫步	14
48.	轻车山谷中	14
49.	海景	15
50.	海岸思乡	15
51.	夜梦	15
52.	海岸遐思	15
53.	酒庄	16
54.	酒庄情怀	16
55.	唐人街	16
56.	加州大学	16
57.	洋岸思乡情	17
58.	世容	17
59.	清明祭祖	17
60.	文人	18
61.	金钱	18
62.	野营	18
63.	流民	18
64.	海滨游泳	19
65.	夕阳海岸	19
66.	溶洞	19
67.	湖景	19
68.	划船湖游	20

69. 静室思旧 20
70. 社会 20
71. 阳台喝茶 21
72. 鸟林舍 21
73. 饮茶思史 21
74. 耄年姐妹兄弟会 21
75. 漫步故乡路 22
76. 剩女 22
77. 史事 22
78. 武则天 22
79. 森林散步 23
80. 盼旅游 23
81. 唐朝诗人 23
82. 世景社会 24
83. 草民 24
84. 人生 24
85. 同学聚会 25
86. 庐山人文 25
87. 纽约夜景人文 25
88. 庐山如琴湖 25
89. 宏村 26
90. 李鸿章老宅 26
91. 黄山崖步道 26

92. 黄山峰 ... 27
93. 如琴湖 ... 27
94. 庐山人文 ... 27
95. 雾峰景 ... 27
96. 信仰 ... 28
97. 大禹 ... 28
98. 石磨寨 ... 28
99. 山城 ... 28
100. 文人 ... 29
101. 海浪 ... 29
102. 林峪木船游 ... 29
103. 村妇 ... 30
104. 海岸思故乡 ... 30
105. 卧滩静思 ... 30
106. 海滩散步 ... 30
107. 洋面景 ... 31
108. 夜游船 ... 31
109. 夜船戏 ... 31
110. 玛雅人 ... 32
111. 人文 ... 32
112. 海浪 ... 32
113. 沼泽地 ... 32
114. 历史人文 ... 33

115.	海滩醉酒	33
116.	海景	33
117.	思乡	33
118.	雪景	34
119.	与同学视屏	34
120.	新年贺词	34
121.	帝国王朝	35
122.	汉王朝	35
123.	难民	35
124.	望故乡	35
125.	峰韵	36
126.	散步	36
127.	公园散步	36
128.	野餐	37
129.	雾雨	37
130.	品酒	37
131.	春光草地入眠	37
132.	展品	38
133.	旅游	38
134.	豪宅	38
135.	观峰景	38
136.	人生	39
137.	人生	39

138.	流浪	39
139.	无奈	40
140.	世事	40
141.	前途	40
142.	林中夕阳	40
143.	前途	41
144.	老宅	41
145.	离别	41
146.	离别	41
147.	瀑布	42
148.	帘洞观瀑布	42
149.	瀑布浪	42
150.	森宅	43
151.	离散	43
152.	纽约	43
153.	天价宅	43
154.	纽约夕阳景	44
155.	文豪	44
156.	湖面似镜	44
157.	老友离别	44
158.	别离情	45
159.	莲藕	45
160.	财富如烟	45

161.	权贵	46
162.	红楼梦	46
163.	纽约金融中心	46
164.	纽约人文	47
165.	晨鸟	47
166.	荷塘	47
167.	闲步	48
168.	林中游	48
169.	草原	48
170.	故乡思祖	48
171.	旅游	49
172.	峭峰	49
173.	云雾	49
174.	剑峰	50
175.	湖云	50
176.	峡天	50
177.	喷泉	50
178.	硫泉奇观	51
179.	公园晨景	51
180.	瀑布彩虹	51
181.	崖涧	51
182.	崖壁奇观	52
183.	湖泊	52

#	条目	页码
184.	夏日雪峰湖	52
185.	傍晚游船漂流	53
186.	大峡谷景	53
187.	美国西部峡景	53
188.	车行峡谷间	53
189.	崖壁下观景	54
190.	奇境旅游	54
191.	峡景	54
192.	步行峡谷	55
193.	观峡景	55
194.	石林	55
195.	奇景	55
196.	奇峰	56
197.	奇峰铭心	56
198.	峰云	56
199.	游峪惊悚	56
200.	胆怯峡谷行	57
201.	赌场	57
202.	商街豪华	57
203.	商街	58
204.	赌徒	58
205.	风流地	58
206.	闻名游乐场	58

207.	马里兰公园	59
208.	初春	59
209.	改朝换代	59
210.	晚霞散步	60
211.	隐士	60
212.	耄年读诗	60
213.	生日情思	60
214.	海外老友	61
215.	森林步行景观	61
216.	社会	61
217.	古迹感怀	62
218.	摇滚歌者	62
219.	世风	62
220.	山野牧场	62
221.	沧海人生	63
222.	历史人文	63
223.	非洲难民	63
224.	洋面小岛	64
225.	楚史	64
226.	人生	64
227.	故乡	64
228.	流民	65
229.	历史人文	65

230.	同学视屏交流	65
231.	渺小	65
232.	红尘	66
233.	五彩湖	66
234.	银盆瀑布	66
235.	湖中枯木	67
236.	树下清水流	67
237.	三峡大坝	67
238.	长江三峡	67
239.	黄鹤楼	68
240.	耄年同学会	68
241.	创业艰辛	68
242.	租地维生	69
243.	节日思乡	69
244.	听音乐	69
245.	三峡仙女峰	69
246.	峡景	70
247.	刘备托孤	70
248.	三峡景	70
249.	忆唐诗景	70
250.	忆昔峡景	71
251.	抗战	71
252.	荷塘游	71

253.	静闲	71
254.	往事	72
255.	执迷者	72
256.	峡谷游	72
257.	峡谷	72
258.	世风尽	73
259.	人烟稀少的峡谷	73
260.	峰湖景	73
261.	晴日雪峰	73
262.	夏日雪峰草原	74
263.	园花娇语	74
264.	峡壁景观	74
265.	滑雪	75
266.	峡壁景	75
267.	春游	75
268.	冬日峰景	75
269.	平原	76
270.	峡谷游	76
271.	溪流	76
272.	峰湖景	76
273.	清湖	77
274.	观群峰	77
275.	草民人生	77

276.	化石	77
277.	兽地	78
278.	山海峰	78
279.	三国	78
280.	纸币	79
281.	牧羊草原	79
282.	峰云海	79
283.	世事	79
284.	耄年游	80
285.	纽约人文	80
286.	社会	80
287.	纽约社会	80
288.	湿地	81
289.	海岸公路	81
290.	哈佛人文	81
291.	宜居地	81
292.	移民	82
293.	湿地	82
294.	峰云	82
295.	闲情	83
296.	外事	83
297.	外交议事	83
298.	礼制	83

299.	民国	84
300.	农夫	84
301.	孤妇	84
302.	出租车司机	84
303.	洋中小海	85
304.	岛林似丘	85
305.	海景	85
306.	观海思乡	85
307.	森林	86
308.	狂风海面	86
309.	港湾	86
310.	旧事	86
311.	湖景	87
312.	移民观自由女神像	87
313.	港口夕阳	87
314.	苦工	87
315.	乞丐	88
316.	兴游	88
317.	瀚海	88
318.	乱世	88
319.	兴游	89
320.	海面	89
321.	展物情	89

322.	建筑工	90
323.	纽约各层人士宅室	90
324.	思故乡	90
325.	视屏	90
326.	屏幕广告	91
327.	故宅情	91
328.	高楼群	91
329.	高楼情	91
330.	回味	92
331.	回故里	92
332.	同学情	92
333.	社会	92
334.	农活	93
335.	打工	93
336.	村孤妇	93
337.	海景	93
338.	远游	94
339.	孤独人	94
340.	老人	94
341.	移民	94
342.	深夜盼亲人	95
343.	丰收	95
344.	森林散步	95

345.	运河	95
346.	醉酒思友	96
347.	饮酒念情	96
348.	人文	96
349.	意无边	96
350.	漫步赏花	97
351.	自由女神像	97
352.	红院	97
353.	曼哈顿	97
354.	高楼	98
355.	阳台看书	98
356.	同学视屏	98
357.	老友相会	99
358.	世风	99
359.	世风	99
360.	乐谱	99
361.	南海	100
362.	舞韵	100
363.	故乡路	100
364.	村妇	100
365.	春色	101
366.	野游	101
367.	春天	101

368.	出走	102
369.	洪水	102
370.	晨雾独步	102
371.	生日祝词	102
372.	游泳	103
373.	外逃	103
374.	凉爽	103
375.	景文	104
376.	世文	104
377.	世间	104
378.	傲气	104
379.	崖水天	105
380.	恋景	105
381.	秋色	105
382.	林中散步	105
383.	美景	106
384.	森林行	106
385.	峰涧景	106
386.	冰川	106
387.	洞喷泉	107
388.	峡溪	107
389.	沙石峰	107
390.	物似人世	107

391. 湖崖景 108
392. 湖林崖 108
393. 崖峰景 108
394. 草原 108
395. 愿想 109
396. 歌舞 109
397. 北美华人 109
398. 海底景 109
399. 入寺 110
400. 峪峰 110
401. 纽约夜景 110
402. 打工者 110
403. 贫富 111
404. 祈求 111
405. 男儿观花 111
406. 林雪 111
407. 石林 112
408. 兽林 112
409. 草原 112
410. 溪乐步 112
411. 思故乡 113
412. 十五月亮 113
413. 秋色 113

414. 歌厅	113
415. 醉梦	114
416. 均平富	114
417. 创业难	114
418. 失意	114
419. 艰辛	115
420. 失恋者	115
421. 晨林溪步	115
422. 呐喊	115
423. 秋风闲步	116
424. 旧时局	116
425. 林秋	116
426. 迷音	116
427. 时局	117
428. 民族文化	117
429. 民族	117
430. 海景	117
431. 思故乡	118
432. 秋	118
433. 闲步忆昔	118
434. 祝酒歌	119
435. 民族	119
436. 冬天	119

437. 寒冬 119
438. 暖冬林步行 120
439. 林雪 120
440. 遗物 120
441. 遐想 120
442. 农业 121
443. 瀚空 121
444. 社会 121
445. 同学会 122
446. 事业 122
447. 人事 122
448. 海湖 122
449. 海滩躺椅 123
450. 海桥 123
451. 海岛 123
452. 雪 123
453. 期盼 124
454. 楼峰一耳 124
455. 岛楼 124
456. 小岛 125
457. 夕阳海面 125
458. 日夜 125
459. 海岛 125

460.	可垦良田	126
461.	海面	126
462.	海明威	126
463.	渔民	126
464.	蓝空小岛	127
465.	餐食	127
466.	世俗	127
467.	花园	128
468.	湖	128
469.	农夫	128
470.	打工	128
471.	林冬	129
472.	赏花	129
473.	海陆空	129
474.	老家	129
475.	蜀道	130
476.	儿歌	130
477.	广元山林	130
478.	桂林	130
479.	剑阁栈道	131
480.	剑阁	131
481.	守关将士	131
482.	青山湖	132

483.	修士	132
484.	唐玄宗	132
485.	旧念	132
486.	同学情谊	133
487.	人生	133
488.	创业	133
489.	离别	134
490.	思关夫	134
491.	思夫	134
492.	怨妇	134
493.	思念	135
494.	富贵与贫穷	135
495.	荒野	135
496.	社会	136
497.	故旧宅	136
498.	关夫	136
499.	性格	136
500.	春天	137
501.	世乱	137
502.	远离别	137
503.	微信	138
504.	社会	138
505.	湖侧步	138

506.	湖景	138
507.	改朝换代	139
508.	别墅	139
509.	游船洋中景	139
510.	清晨	139
511.	庸民	140
512.	世界史	140
513.	农耕	140
514.	生活	140
515.	茶马古道	141
516.	春农忙	141
517.	林中别墅	141
518.	交通	141
519.	海景游	142
520.	货币	142
521.	求生	142
522.	民歌	143
523.	民族	143
524.	交通	143
525.	流民路	143
526.	宇宙	144
527.	流浪	144
528.	史迹	144

529.	历史	144
530.	移民	145
531.	校友	145
532.	时世	145
533.	人生	145
534.	宇间生态	146
535.	离家门	146
536.	遗物	146
537.	社会	147
538.	社会	147
539.	工匠	147
540.	流浪	147
541.	移民人生	148
542.	山区村民	148
543.	春色	148
544.	古文	148
545.	世界习俗	149
546.	世规	149
547.	经济	149
548.	生意经	149
549.	智商	150
550.	求学求生路	150
551.	农夫	150

552.	老年心态	151
553.	溪边闲步	151
554.	林秋	151
555.	人心	151
556.	境貌	152
557.	思乡	152
558.	忆幼稚	152
559.	人生	153
560.	宅景	153
561.	文化	153
562.	史事	153
563.	学士	154
564.	农夫	154
565.	农夫	154
566.	深山孩童	154
567.	农民起义	155
568.	习俗	155
569.	市景	155
570.	历史	156
571.	人兽共生	156
572.	村妇	156
573.	学童	156
574.	筑路工	157

575. 建筑工 157
576. 移民 157
577. 黄河 158
578. 人才 158
579. 食粟 158
580. 民族文化 158
581. 农业 159
582. 学子 159
583. 背包客 159
584. 学途 160
585. 世事 160
586. 世界 160
587. 打工仔 160
588. 长江 161
589. 黄河 161
590. 环境生物 161
591. 长城 161
592. 创业 162
593. 春物景 162
594. 国外游 162
595. 世风 163
596. 夕阳风景 163
597. 共生存 163

598.	技术	163
599.	暖春	164
600.	晨溪散步	164
601.	侨胞	164
602.	东西方时光	164
603.	世界	165
604.	气候生物	165
605.	英雄	165
606.	离别	166
607.	交通	166
608.	诗之源	166
609.	风雨鸟	166
610.	静意诗	167
611.	情意	167
612.	休闲	167
613.	奢想	168
614.	史事	168
615.	诗源	168
616.	茶散情	168
617.	生途	169
618.	商贾，关夫	169
619.	遥想	169
620.	杜甫	170

621. 思乡	170
622. 为谁	170
623. 贫富	170
624. 封建社会	171
625. 乘车游	171
626. 峰崖观景	171

1. 海外孤独

人海茫茫无知音，天际那边事浮云，
同胞相煎无去处，孤寂宁静独善身。

房地产开发商马小勇为逃避国内烦事纷争，倍感压力和威胁，只身来到美国，由于语言不通，深感孤独。遥望天际那边的祖国，思绪万千……

2. 英国旅游沿途情景

蓝空绿地散白花，树林田野绿似画，
一路歌声融入景，人生如此到天涯。

在英国一个春游的上午，春暖花开，蓝天白云，坐在车上一路听音乐，甚是惬意。

3. 牧场

连绵起伏绿草甸，悠闲牛羊散其间，
蓝空白云瀚空游，一望无际到天边。

英国北部山区牧场

4. 比利时溪宅

澈溪浮水鸭，岸边柳间花，

古宅映溪底，坐下不想家。

坐在比利时公园里清澈的溪水边，野鸭溪水中漫游，对岸柳树，野花，古楼倒影在溪水里，令人留念。

5. 古宅

斑石陈瓦古木栏，古朴典雅立岸边，
不知斯人何时建，岁月沧桑印其间。

坐在溪流岸边，观赏古楼斑驳的石墙，古老陈旧瓦屋面，阁楼的木栏杆，古楼不知何时何人建造，处处洋溢着古朴典雅。

6. 历史

英伦群岛纬偏北，昔日白人立帝国，
辉煌遗迹今犹在，诉说昔日惨与烈。

游历英国市区乡间，目睹帝国的辉煌遗迹，参观博物馆文物陈列，诉说着惨烈的历史。

7. 臣民联想

春光明媚野山花，只身静坐溪水涯，
亲王为何回故里，王位不及溪水涯。

英亲王厌倦了宫庭争斗，放弃王位回到故乡，隐居英西北溪水涯终其一生。春游到此，山花烂漫，溪水潺潺，蓝天白云，世外桃园，感知亲王隐居之因，此诗属触景而假想。

8. 邱吉尔纪念馆

绿树草坪皇家地，雕塑宫门塔尖顶，
昔日辉煌树金身，史诗背后泪英灵。

参观邱吉尔纪念馆，偌大的园林，辉煌的宫殿，浮想联翩……

9. 英国皇家林园

万亩皇园独闲步，树林草地围清湖，
金黄宫殿花中耀，绝世佳景世间独。

春游闲步皇家林园，世上独一无二的皇家林园，美不胜收，偌大的皇宫幽静。

10. 泰晤士河岸景

蓝天银波夹一线，古楼塔尖立其间，
帆船游艇飘水面，霞辉银波思无边。

坐在夕阳下的泰晤士河边，在蓝天和碧水间，对岸长长的河岸线上的古建筑变成一条线，帆船游艇在河面上穿梭。

11. 城堡联想

仰视辉煌城堡，四面草地似裙，
昔日帝王在上，洞察天下臣民。

走在草地山坡下，仰视城堡，浮想联翩……

12. 草坪裸晒人

春风拂草地，湖面泛涟漪，
裸卧坪草上，闲情似景意。

春游英国伦敦海德公园，草坪湖泊，裸晒阳光的人们，胜似闲情。

13. 裸晒梦

面容平静如水，阳光小草花蕊，
虫鸟四周游荡，伊人梦乡未归。

春游海德公园，那些熟睡在草地上晒阳光的白人，任凭小鸟虫子四周爬行，面无表情，毫无知觉。

14. 英国皇权

白金汉宫威严，历经风霜千年，
皇权遗传数代，礼制诞生何源。

眼前威严的白金汉宫，联想逾千年的社会制度，有感而发……

15. 歌女

古尖塔下扬歌声，四周闲人凝视听，
歌声荡出心田语，歌者背后何人生？

漫游在英格兰古镇上。古塔下，一个白人年轻女子在唱歌，悠扬的歌声动听，随想……

16. 老街路忆昔

古宅老街石板路，圆窗古门斑砖石，
昔日辉煌今残在，千年沧桑留遗史。

英国古老小镇有感……

17. 林溪别墅

幽静溪流小路旁，古树枝间透楼房，
天空鸟飞溪水鱼，密林路尽在何方？

在英国古城闲步小溪路所见。

18. 背包步游

腿软脚酸气吁吁,奇山异景诱人迷,
崎岖山路林间花,兴犹未尽在天涯。

徒步背包,游走在苏格兰山间美景的山路上,腰酸腿痛,优美的景致,兴犹未尽。

19. 触目思昔

黄砖宫墙塑雕檐,世事今昔两重天,
世界斯人千年泪,触景生情忆当年。

走在英国古典繁华的街道上,浮想联翩……

20. 故土静思

满目清山忆童年,置身故景思绪千,
潺潺溪水静如蝉,求生天涯身何安?

在外打工的中国年青人,在老家耕作间,息坐在山岗树阴下,抬头眺望远山,低头静观溪水,宁静的山野勾起儿时的回忆,联想未来……

21. 昔日帝国

今昔景物散其间，往事彩云已飘散，
帝国辉煌今安在，延今后嗣有何言……！

英国昔日辉煌的建筑已陈旧，曾经称雄世界的帝国，今日已大不如前，子民后嗣有何感想……

22. 故乡忆祖

仰望山路梯土田，祖宗挥汗垦野山，
老影浮现遗痕在，众嗣后生今何安？

中国打工仔山间劳作间歇，仰望层层梯田梯土，脑子里呈现祖宗为生存，为繁衍后生而挥汗垦地的身影，如今后生流散四方，各自东西。

23. 威尼斯

小船游走街坊间，疑是古宅浮水面，
宛延曲折视无路，闻名威尼在眼前。

在威尼斯小镇坐游船观景。

24. 巴黎

先人留下辉煌，后生炫耀今生，

昔日勤劳不见，如今傲慢仍存。

游览巴黎，豪华的前世纪建筑，没有现代建筑踪影，昂首挺胸的路人，没有微笑，一脸高傲神情。

25. 今昔

光阴如水流逝，财富消耗终尽，
后生悠慢闲散，日后何以为荣。

游走法国巴黎街巷，看到闲散悠慢的人，想起昔人的伟业，看到如今的生态，联想……

26. 乞讨

地铁巷道婉歌扬，路过行人各自忙，
婉歌欲唤施舍意，眼望深巷长叹息。

走在法国巴黎地铁巷道里，歌声让人感叹。

27. 史事画

画面血腥面无情，世事画面是写真，
人性道义今何在，绢纸旧画揭世景。

法国博物馆参观画馆血腥的画面想到今古世风。

28. 候诊

病躺巷道熬如年，医护来往视不见，
悠闲散慢若无事，医道世风有何言。

躺在法国巴黎医院巷道里，久卧候诊的病人。

29. 乘马车街游

蹄声嗒嗒震心间，马俑驱乘人流前，
俯视摇身视路人，顿感王颜荡心田。

法国巴黎乘坐昔日王公贵族马车，在豪华的街道上游览，节奏整齐的马蹄声响彻耳畔，俯视观看让道的行人，联想昔日王公贵族出乘的情思。

30. 泥瓦工

烈日当空砌墙砖，汗流灰面疑吾颜，
皮破灰咬针扎手，居人那知今日艰。

眼看高楼大厦，回忆当年作泥瓦工在烈日下，艰辛地劳作……

31. 搭架工

肩扛手拉搭梯架，手拉脚踩皆玄空，

架高千尺建架构,安危皆系一念中。

回忆当架子工人,高危的空中作业。

32. 罗马斗兽场

意皇鞭建斗兽场,昔日血腥今辉煌,
人兽争斗皇颜笑,千年遗史今召告。

参观意大利罗马斗兽场,当年意帝王挥鞭驱赶劳工修筑浩大的工程,观看血腥的人兽争斗,从中取乐。

33. 斗兽场奇迹

巨石磊筑叹观止,疑是天神助神力,
古人技艺无记载,雄伟宏大难释疑。

参观罗马斗兽场宏大的石磊筑的古建筑,数千年前没有机械设备,巨石磊筑如何进行,今天仍然是谜。

34. 夏日雪山湖景

薄雾湖水雪山影,伏夏似春难分明,
置身意境似漂浮,独处湖岸忘自身。

盛夏站在瑞士纳沙泰尔高山湖边,湖岸山峰残雪仍存,水雾漂浮,野花盛开。

35. 夏日雪山下

千仞峰残雪仍存，峰下游人汗湿襟，
山间翠松绿草地，溪流雪水轻奔腾。

在瑞士伯尔尼高山上，山沟里观其境。

36. 雪山峰

雪雾交映峰仞间，春夏秋冬难分辨，
庐峰珠峰相辉映，万里之外呈眼前。

在瑞士伯尔尼高山上观其境，恰是珠穆拉玛峰和庐山相映。

37. 海景

蓝天碧海成一片，凝视天边在眼前，
孤帆船影似浮云，只身飘浮天海间。

坐在英国东部大雅茅斯海边，蓝天碧海浑成一体，海面游帆船。

38. 打高尔夫球

绿坪伞树白球飞，球落洞中乐是谁？
万亩树草钱铺就，闲乐背后藏恩愁。

英国伦敦郊外高尔夫球场，连绵起伏草地，点缀着绿树，打高尔夫球的人游走其间，万亩土地耗费多少的钱，打球的各色人物是玩乐？是交际？他们内心世界……？

39. 波多马克河

远望波河无出口，四面青山围成湖，
波光粼粼水鸟飞，离去频频回头路。

游览美国波多马克河宛延曲折，四面青山，水鸟飞翔。

40. 妻管严

皇权礼制逾千年，今朝遗留到民间，
妻颜似君夫为仆，相伴终生夫无言。

41. 除夕夜

爆竹声声震天响，礼花束束冲云霄，
除夕独处望天际，游子他乡思故乡。

建筑工地看守工除夕之夜在工地上，观看除夕烟火，思绪万千……

42. 原始森林

密林前行不见路，手脚棘抓树如麻，
仰望天空是树梢，腐树拦路虫蛇爬。

走在美国波多马克河岸边森林，犹如原始森林。

43. 波多马克河

银光水中耀，涟漪轻舟飘，
源头在何方，林后山峰高。

走在美国波多马克河桥上，朝阳照在河面上，游船飘流在似湖的河面。

44. 世事

波涛击船溅浪花，海天一体视无涯，
沧海恰是人间事，恩怨情仇似浪沙。

游船行驶在大西洋上，坐在船头休闲厅里眺望大海，往事联翩……

45. 首次坐飞机

身似飞鸟升上空，两耳嗡嗡视苍穹，
穿梭云山雾海上，前方世界遐想中。

第一次坐飞机出国感觉。

46. 家景

坐在窗前似在林，碧空树影映房顶，
休闲台廊林中隐，小院檐高窗几明。

坐在美国弗吉尼亚家窗前。

47. 峡谷漫步

仰望蓝天云花朵，低头湖水波光潾，
眺望山石似雕塑，脚下乱石步难行。

走在美国加州圣地亚戈洛基山脉峡谷中。

48. 轻车山谷中

蓝天绿松似如画，轻车歌声飘山崖，
海沙化石草中露，沧海桑田恰是它。

坐车行走在美国洛杉矶洛基山脉，青松绿草中裸露化石。

49. 海景

海浪一波一波涌，涛声阵阵似轰鸣，
海风日日扫万里，留下亿年洋面景。

站在太平洋东岸边，波涛汹涌联想。

50. 海岸思乡

海涛如云涌，涛声似山崩，
海风扫万里，传递故乡情。

站在大洋彼岸，眺望遥远故乡。

51. 夜梦

耳畔涛声阵阵，入梦故乡雨云，
醒来不知何处，云游四海忘情。

睡在太平洋彼岸饭店床上入梦。

52. 海岸遐思

仙山脚下是琼海，白云似梯九霄云，
环望银波无边际，鸥飞霞空水面影。

太平洋东海岸洛基山脉下海边，山高浪涌白云飞。

53. 酒庄

一股酒香扑鼻进,串串葡萄枝架撑,
富翁笑盈杯中影,酒中溶进世间情。

走进葡萄酒庄,看见加长林肯车停在旁边,亭子里品酒人谈笑风生。

54. 酒庄情怀

仰望清山阳光暖,举杯释千愁,
淡泊人生财与富,叹为人生寿。

坐在酒庄山上,温暖的阳光,品尝葡萄酒感怀……

55. 唐人街

金山由名旧痕存,梦碎梦成有几分,
华裔逐梦今未醒,后嗣逐梦承前行。

走在美国旧金山唐人街上,昔日华人淘金留下遗迹,华裔后生的背影,召示着前人辛酸的往事……

56. 加州大学

名校常见华裔影,重教风俗今尚存,
结业各赴五湖地,四海之内各谋生。

走在加州大学校园内，穿梭在校园内的学生中的华裔面孔，联想……

57.　　洋岸思乡情

蓝天碧海瀚无边，望海思乡水难断，
一汪海水深似情，汹涌澎湃荡心间。

坐在旧金山太平洋彼岸，眺望大洋那边的家乡……

58.　　世容

滨海繁华是背景，杂语歌声各怀情，
注视千面显百态，衣着步履露人生。

走在美国旧金山渔人码头，看到游人，当地人，富人，穷人，各色人，身姿神态……

59.　　清明祭祖

树淹草没祖荒冢，墓石碑文已凋零，
环望群山忆先祖，远祖徙此何艰辛，
留下后生今安在？清明到此寻祖根。

中国人清明上香到祖宗墓前，坟墓淹没在树林杂草中，碑文已看不清楚，不知道自己是那房先祖后生。

60. 文人

古今大文豪，多是锦衣士，
要是寒衣人，生活何依依？

古文名著作者，他们当时没有书作换钱，何以为生，推断他们都是富贾名门之后。

61. 金钱

世人梦幻金钱好，尘蒙蒙，路遥遥，
拼命一搏梦成真，方知金钱是镣铐，
回头看，还是常人好，
回不了，放弃世欲远去了。

62. 野营

一张蓬布围成家，树林草地是院坝，
夜深蝉静虫鸟鸣，别味情趣游天涯。

美国弗吉尼亚州野营有感。

63. 流民

夜深蝉静寒风飕，虫蛇游动在枕头，
入梦温室粟满仓，醒来饥寒何时休？

一个流浪者露宿荒野。

64. 海滨游泳

海天景同色，沉浮一线间，
入水鱼为伍，出水鸥作伴。

在美国墨西哥湾，夕阳霞光映海面，海天同色，鸥翔鱼游，海滨游泳。

65. 夕阳海岸

夕阳落海面，海天霞尽染，
只身陷霞空，疑是浮云天。

漫步美国墨西哥湾海滩夕阳下。

66. 溶洞

入洞疑入玉馆兮，玉珠欲滴玉帘坠，
玉琢峰塔珠淌壑，滴水亿年叹沉积。

美国弗吉尼亚溶洞之景

67. 湖景

湖底透鱼群，湖面林森森，

湖天景同色，如幻似仙境。

美国马里兰黑山湖景

68. 划船湖游

湖面浮森林，微风爽心扉，
银波荡轻舟，入夜不思归。

美国马里兰黑山湖划船。

69. 静室思旧

室外夕阳晚风劲，楼内蝉静空无人，
昔日酒楼欢声语，静默凝思念旧人。

房产开发商小勇独处国外别墅里，夕阳光染林窗，呼呼的晚风……

70. 社会

富豪豪宅甲天下，贫民宅地一片瓦，
下人身卒一生净，财富流向权贵家。

站在山顶上瞭望别墅和棚户区有感。

71. 阳台喝茶

仰视望青山，低头是花园，
耳边鸟语声，茶香溢心田。

坐中国南山家中阳台品茶。

72. 鸟林舍

半夜梦惊醒，矇听是鸟鸣，
疑是投错宿，寝与鸟为邻。

中国南山家中经常半夜被阳雀叫声惊醒。

73. 饮茶思史

阳台书桌一杯茶，书间世事在眼下，
闲视青山浮云飘，世事烟云散天涯。

阳台看书心得

74. 耄年姐妹兄弟会

儿时群山依旧，兄妹容颜未存，
共叙沧桑岁月，各自历尽艰辛，
后嗣各散四方，相见不曾相认，
眺望远方白云，祈求永远康宁。

耄年姐兄弟几十年后故乡相见，感慨万千……

75. 漫步故乡路

旧时山水路，昔日儿朋欢，
遗迹今乃在，玩友何时见？

76. 剩女

凝望茫茫雾空雨，飘落雨珠似泪滴，
珠颜岁月随风去，耄年似水何依依。

剩女在秋雨檐下，满腹愁怆。

77. 史事

面对青山长相思，回味书中味无穷，
白云飘去无踪影，世事流传散瀚空。

面对青山读史书后遐思……

78. 武则天

后宫佳丽数千女，帝宠武媚秽言生，
起宕跌伏及帝位，男专帝位几女能？
宫内争斗权为心，民间盛世歌舞频，

能撑天下平内外，古今及帝有几人？

读唐史有感……

79. 森林散步

夕阳晚霞红，叶绿碎蓝空，
林鸟觅归路，独步森林中。

80. 盼旅游

蒙蒙细雨心里闷，欲问天神何时晴？
出门远行惧泥路，秀景青山雾里隐，
迟疑月余未成行，眼见岁月渐老去，
大好河山犹可亲，蓄精健体圆梦景。

绵绵细雨，雾气蒙蒙，欲去旅游，难以成行。

81. 唐朝诗人

品味唐诗三百首，诗者徒步大下游，
青山碧水一杯酒，逸情笔下传千秋。

读唐诗有感。

82. 世景社会

满目青山林，蓝空白云静，
世事纷繁杂，草民苦求生。

世态

83. 草民

回首儿时朦胧忆，旧时独居茅室里，
赤脚上学泥泞路，酷暑寒冬缺布衣，
儿时幼小遇荒年，荆棘虫咬林中觅，
荒山丛林寻粟食，无力无助辍学业，
伤感激志学技识，余下人性皆无味，
唯有看书解忧思，求生常年四处奔，
脚手架上汗雨淋，风雪交加手足裂，
苦中不觉苦中味，耄年方知苦是金。

耄年回首。

84. 人生

耄年回首昔日路，世事风云从未停，
天下众生各归宿，奋斗争斗伴一生。

回首世间往事人生。

85. 同学聚会

耄年同窗忆学年，师生情谊荡回肠，
谆谆教语犹在耳，点点滴滴暖心房，
铸就终身立人志，常梦恩师永难忘，
眺望星空望明月，如今恩师在何方？

同学聚会，回忆当年师生情。

86. 庐山人文

权贵恋庐山，平民无知晓，
历史风云过，留下云雾绕。

参观庐山历代名人遗址有感。

87. 纽约夜景人文

高楼耸立楼峰异，辉窗玻后千色艳，
万民居留各宅迷，同是夜梦各相思。

美国纽约傍晚高楼灯光辉煌，各阶层人士居宅各异，追求不同。

88. 庐山如琴湖

青山似身湖似裙，头戴白纱日似睛，

轻风助浪裙似波，屹立天地观世景。

庐山如琴湖畔，明亮的太阳，飘浮的白云，耸立的山峰，银波的湖水，犹如仙女降临人间。

89. 宏村

小巷曲折幽静，门前小流清清，
豪宅雕梁宅深，贫宅狭小闭门。

黄山宏村

90. 李鸿章老宅

李氏宅地遗至今，留下世人事非论，
昔日权威扬天下，谁知逝者心伤痕，
如今子嗣在何方，隐姓埋名怨自根。

参观李鸿章旧宅，看到一副对联'受尽天下百官气，养就胸中一段春'，所想。

91. 黄山崖步道

低头是深涧，仰望一线天，
身贴奇石步，手足齐抖弹。

攀爬黄山。

92. 黄山峰

光明顶上尝群峰，疑身漂浮白云中，
俯下峭峰恰似剑，回首群峰夕阳红。

黄山夕阳观景。

93. 如琴湖

凝视青峰思联翩，蓝天白云湖波面，
轻风拂衣似飘然，疑是仙境降人间。

庐山如琴湖畔

94. 庐山人文

群峰翘首五老峰，五老择居庐山中，
游遍天下秀美景，唯有庐山留心中，
俯视天下风云事，后人到此也争雄。

庐山含鄱口观景，联想庐山上民国时期的权贵争斗。

95. 雾峰景

黄泥塑峰入云中，伞影青松挂峭峰，
似人似兽各峥嵘，忽隐忽现云雾中。

黄山观景。

96. 信仰

信仰宣扬一时灿，时光消逝烟云散，
唯有佛祖救世道，流传永远扬世间。

信仰缺失，人心颓废，需要普世价值。

97. 大禹

岷江开渠水流急，二王圣相映水里，
江水长流山河在，恰是二王惠民益，
治国安邦平天下，试问古朝何君及？

瞻仰都江堰二王庙，俯视岷江水。

98. 石磨寨

青山冒白烟，石缝淌清泉，
路亭一杯酒，醉意飘山间。

都江堰石磨古寨青山路亭喝酒，林中薄雾。

99. 山城

街道弯弯不见道，出门步梯气吁吁，

远望只见峰间雾，两江汇流水东去，
高楼低宅各峥嵘，车道似蚓蠕其间，
远景隐见雾霾里，昔日秀景何时还？

山城重庆近况

100.　　文人

荡游江海山川，阅历世间人文，
鉴赏千年遗迹，留下诗文无限。

唐朝文人

101.　　海浪

静坐海滩风阵阵，海浪涌来怯没顶，
波涛击礁似雷鸣，疑是蛟龙起纷争。

墨西哥大西洋岸观景。

102.　　林峪木船游

湖水浸林水成渠，宛延曲折阳光稀，
木舟悠游林峪底，前瞻后顾无路去？

墨西哥水溪坐木舟公园游。

103. 村妇

灌木林中茅舍低，门前主妇转悠闲，
不思世外奢华梦，只求舍下无饥寒。

墨西哥茅屋外悠闲人

104. 海岸思故乡

海浪呀海浪，涌过千万年，
涌向远方的故乡，扑向故乡山水，
吻到故乡的芬芳，心涌翻滚的巨浪，
千年万年难忘，难忘故乡的念长，似那海浪。

站在太平洋彼岸，眺望彼岸的故乡。

105. 卧滩静思

静卧仰视白云飞，浪声轰鸣心思静，
世事纷争犹如浪，风去净身听涛声。

脱离官场的退休官员，旅游到国外，躺在海滩上……

106. 海滩散步

耳畔涛声阵阵，脚下白沙绵绵，
前视浪卷弧岸，微风送来怡情。

漫步在墨西哥海岸沙滩上。

107. 洋面景

蓝天长空无白云，只见榈叶迎东风，
白沙海滩绣浪花，波上鸥翔觅知音。

大西洋西海岸景色

108. 夜游船

无忧无虑喜游戏，明日安身今未知，
日复一日偷生渡，天涯自有义士侬。

墨西哥夜游船上的演戏人

109. 夜船戏

裸身搏火球，球飞斗士间，
观者心惊跳，败者遭火炽。

墨西哥古代斗火球游戏，斗败者遭火焰围烧，观众心惊。

110. 玛雅人

玛雅遗址南美地，世居山野传世袭，
林中求生炼人性，豪放粗狂无顾忌。

墨西哥夜船上观看古代裸身戏曲表演，戏剧充满玛雅人远古生态。

111. 人文

车行千里处女地，一马平川灌木林，
待垦农田无数计，庶民为何不屑耕？

在墨西哥车行进几个小时，沿途景观，联想。

112. 海浪

海浪呀排山倒海，倾尽你宏大胸怀，
摧毁阻挡的一切，荡平你一切关隘，
若是社会上力量，谁敢与你争高阶？

汹涌的海浪有感。

113. 沼泽地

似水似地难辩认，灌木苇草隐水面，
水沙沉积万年就，鸟翔鱼游悠其间。

墨西哥数百里沼泽地

114. 历史人文

久视天穹白云飞,时聚时散风云涌,
人间世事几千年,淹没流史鉴今风。

仰望天空,凝思古今人文。

115. 海滩醉酒

醉眼海浪击沙滩,浪花入杯醉人怀,
海风吹散几多愁,荡去心忌情似海。

海边沙滩喝酒感怀。

116. 海景

极目天穹罩海面,海风推波浪无边,
遐想青山波后隐,环顾海际陆不见。

太平洋西岸观海景。

117. 思乡

窗前细雨滴滴下,天上云一朵朵飘,

雨滴似泪云似心，
荡呀荡，那是我思乡的情，
飘呀飘，那是太平洋上云，
那是我远望的心。

站太平洋彼岸，天下着细雨，窗前遥望天际故乡。

118. 雪景

白茫茫不见路径，天昏昏雪花飘零，
鸟声虫静兽无影，银世界万物入眠。

大雪封山，一片白雪。

119. 与同学视屏

屏是颜面言是情，相面千语难述尽，
情似白云如浪涌，飘洋过海越云层，
同窗光阴留不住，耄年寄语露乡音。

在美国与中国老同学网上聊天。

120. 新年贺词

冬去春来迎新年，恭贺同窗福星灿，
后嗣满堂齐言欢，福如海寿比南山。

同学新春贺词

121. 帝国王朝

汉武大帝昔日君,金銮殿下乱风云,
风云飘过数千年,恍如昨世现今生。

看电视剧感怀……

122. 汉王朝

楚汉相争风云起,刀箭飞舞人心诈,
谁为庶民谋生路,苍生血染黄袍衣。

观电视剧楚汉相争。

123. 难民

世间风云草民贱,芸芸小草禽嘴餐,
泪望天下有谁怜,逃遍天涯身何安?

新闻里非洲难民处境

124. 望故乡

夕阳呀,光芒万丈,是乡情胸中奔放,
彩云呀,飘过大洋,在翰空瞭望故乡,

海浪呀，涌向故乡，转递思乡的愿望。

太平洋彼岸夕阳下瞭望故乡。

125.　　峰韵

黄山众峰峭，庐山峰间秀，
泰山独高远，珠峰云雪高。

高峰

126.　　散步

春草树叶嫩，云稀天空蓝，
春风去寒衣，盈步澈溪边。

美国春天漫步公园小溪。

127.　　公园散步

树杆叶密银光染，仰视天空似海蓝，
虫蠕枝叶飞鸟鸣，步履脚下是草甸。

美国春天漫步公园。

128. 野餐

鲜香麻辣味千年，华裔食味难改变，
玛雅林中聚欢宴，烹制山野食难咽。

墨西哥野餐

129. 雾雨

雨细树叶绿，小路行人稀，
雾中觅茅舍，借酒解闷思。

清明节雾雨天，行走在乡村小路上。

130. 品酒

杯中酒香沁心扉，杯下自感身卑微，
凝视天空为何故，人性世风铸归宿。

弗吉尼亚高级酒馆里品酒，绅士华衣丽服，自觉身卑感慨。

131. 春光草地入眠

阳光暖暖风习习，绵绵睡意入梦兮，
静草白云虫鸟戏，浮天浮云梦幻里。

春暖阳光下，坐在草坪木椅上入睡。

132. 展品

器具用品隐人面，往事晃如在眼前，
艰辛历程风雪夜，铸就辉煌留世间。

参观皇家博物馆历史人物用品有感。

133. 旅游

心志匆匆奔山峰，环顾四周雾蒙蒙，
峰下美景全不见，黄昏辉下留遗憾。

游美国弗吉尼亚奶奶山……

134. 豪宅

豪宅辉煌似皇宫，宅下属地十万亩，
日出日落园边尽，观景赏花味无穷。

参观美国宾州第一豪宅……

135. 观峰景

俯视群山雾海峰，疑似天宫观天穹，
仰望天空日月近，极目远眺宇宙空。

登上美国弗吉尼亚爷爷山峰观景……

136. 人生

人生犹如空中雪,风卷漂荡降世间,
入地入海影不见,万物生息归自然。

看到风雪飘凌,遐想万物人生……

137. 人生

回首人生已耄年,几度酸苦几度甜,
时事变化风雨过,淡视昔日暖与寒。

人生感慨……

138. 流浪

山沟溪边一棵草,春萌冬枯岁岁荣,
嫩草无依随流去,漂泊流离何生根!

开发商马小勇年青时义气做错事,被母亲赶出家门,
外出流浪,路过小溪,溪流中飘流的小草……!

139. 无奈

世耕后裔求学路,望空立志变人生,
洪水伤志心灰冷,回首学路泪淋淋。

马占山赶考路上,过河卷入洪水中,抓物救生,误考梦想破灭。

140. 世事

天涯谋生路漫漫,世间纷争为财权,
贫穷期盼财富梦,富贵方知处事难。

富人人世感叹……

141. 前途

车外景物似流水,故土情思涌心头,
前路漫漫入蒙里,蒙雾似海何路归?

小勇第一次离家谋生,坐车离乡远去……

142. 林中夕阳

夕阳光林染,林海叶波青,
叶珠银光闪,树中穿银线。

夕阳下的林中景

143. 前途

天空蒙蒙霾雾雾，前方茫茫不识路，
儿时蓝天何时现，遥望远方觅前途。

地产开发商马小勇出国前，开车回乡的路上……

144. 老宅

物静人空儿时忆，离别老宅情万丝，
天空白云远飘去，青山老宅留万寂。

地产开发商马小勇出国前回老家旧宅探望……

145. 离别

脚下千般路，眼前儿时影，
祖宗世居地，留下念万千，
一别何时回？望空看云天。

地产开发商马小勇回故乡老宅离别感念……

146. 离别

母校旧迹映眼里，师生往事涌心头，

昔日同窗今安在，留下思念伴千秋。

地产开发商马小勇出国前回母校离别感念……

147. 瀑布

水似白银泛河面，一跃飞泻下深渊，
水击浪花千古流，留下银帘惊世间。

加拿大观尼亚加拉大瀑布。

148. 帘洞观瀑布

银河源自天边，飞瀑泻下银帘，
入洞帘内观景，帘外气象万千。

加拿大尼亚加拉瀑布后洞中观景。

149. 瀑布浪

仰望天河千流下，水幕银丝罩天涯，
天河助水浪汹涌，疑是蛟龙卷浪花。

加拿大河船上观瀑布。

150.　　森宅

树密林森露草地，小屋陋室林中稀，
居者常年兽为伴，荒野旧宅伴朝夕。

车行在美国宾州北部山区，林中稀有的小屋。

151.　　离散

途遇风雨何为家，妻离子散各下榻，
风雨途中觅知音，谁共风雨渡天涯？

房地产商马小勇因债务风险，妻子扔女儿离他而去，倍感孤独凄凉。

152.　　纽约

夕阳辉下群楼染，入霞千宇立岸边，
两河交流入海去，银波水面飘游船。

傍晚美国新泽西哈德逊河岸霞光中观曼哈顿。

153.　　天价宅

满目高楼入云端，耗尽白银堆上天，
世间富翁恋此地，倾囊一掷栖其间。

美国纽约曼哈顿天价豪宅。

154. 纽约夕阳景

高楼水面落日辉，夕阳霞光楼下影，
仰视神像瀚空中，水面银波楼影垂。

美国纽约曼哈顿傍晚，霞光中的自由女神像

155. 文豪

文士漂泊一生尽，留下诗文示后生，
豪情路亭一杯酒，释怀千愁看日星。

读李白诗有感。

156. 湖面似镜

蓝天镜里飘白云，阳光沐浴微风轻，
湖面亭影鱼似人，绿树似屏映丽景。

春天漫步美国公园湖。

157. 老友离别

人生几何已注定，老友相聚酒泪淋，
昔日患友今离去，别后归宿各千秋。

开发商马小勇出国前，宴别多年相处的师兄弟……

158. 别离情

往事历历在目，旧物窗前飘去，
惜泪黯然如水，经历世间坎途，
前路蓝天碧海，任性潜游高飞。

开发商马小勇出国，坐火车站离开家乡到机场，窗外景色感念……

159. 莲藕

荷叶似伞花娇艳，浑身玉白丝牵连，
污泥栖生色不染，世间志士叹红颜。

赞藕的洁白，荷花鲜艳。

160. 财富如烟

世间富贵如花艳，迎风招展媚人眼，
各居豪宅同颜面，一朝寒风没人间。
读红楼梦感念……

161. 权贵

权贵本是一根生，富贵奢华相依存，
一朝风浪大厦倾，烟消云散空无影。

读红楼梦感念……

162. 红楼梦

红院里恩怨情愁，红墙外风起云涌，
百年世恩水流去，玉面娇颜昨日影，
雕梁亭院静如蝉，昔日奢靡终散尽。

看电视剧红楼梦有感……

163. 纽约金融中心

灯光闪烁繁过星，灯影帘后何裔人？
窗前月下肤色异，室内细语各怀情，
天下谋生同檐下，各为事主同路人，
财富聚积千流去，犹如白云飘红尘。

纽约世界金融中心，世界各层各色人物聚居，金钱流逝……

164.　　纽约人文

天涯何处无芳草，世人为生水草居，
千年繁衍留后裔，各为人性争世欲，
世间风云水流去，沉积流沙是言语。

纽约繁华街市，各层人士穿梭其间，人世文化感慨……？

165.　　晨鸟

晨曦林中暗，兽鸟梦初醒，
异语不知意，林森如闹市。

清晨屋后树林鸟鸣嘈杂。

166.　　荷塘

艳花轻浮荷叶面，微风过去绿波卷，
初夏六月众花谢，留下荷花耀世间，
花下肢体千丝连，白身各节白如玉，
栖生污泥色不染，世间志士叹红颜。

夏初闲步在荷塘边，感念荷藕入污泥，洁身如玉，焉附的志士有何言……

167. 闲步

林间漫步闲在心，虫鸟飞舞耳畔鸣，
繁忙紧张昨日影，愿随清风伴终身。

工作的奔忙，假日散步林间，闲情留恋……

168. 林中游

独步林中静，树密无路人，
幽深阳光稀，似入古道径，
前路无留跡，回首无人影。

散步在森林中。

169. 草原

草绿色染空，云羊闲静中，
风过万空寂，人微隐苍穹。

车行在美国中部草原。

170. 故乡思祖

蓝空云下山水亲，远走他乡是故人，
万水千山思乡路，难阻后嗣寻祖根，
山水依旧万空寂，遐思祖宗山里影，

祖田遗迹今仍在，后嗣无数各西东。

回故乡感怀……

171. 旅游

千里奔途一身倦，眼开美景顿兴来，
目疏脚下陌生路，万物皆新如梦海。

坐飞机从华盛顿来到休斯顿。

172. 峭峰

峭峰似剑入云端，惊目怯视心胆颤，
峰雪绿壁空中云，人微胆怯不敢看。

美国德克萨斯州大顿公园峡谷

173. 云雾

云峰难辩空，白云和雾亲，
天地浑一体，映目远天穹。

坐车奔驰在去美国黄石公园路上。

174. 剑峰

俯视深峪峰似剑，胆颤峰剑刺胸间，
彼岸咫尺在眼前，峪深千尺刃两断。

美国黄石公园峰峪

175. 湖云

深潭绿水青山间，水影峰尖在云端，
湖面银波白云下，疑是天湖降人间。

美国黄石公园山顶湖

176. 峡天

峰下视白云，利剑入云端，
峡观蓝天窄，崖壁爽一线。

美国黄石公园峪下观景。

177. 喷泉

天崩地裂时远去，喷气硫泉亿万年，
遗迹缀树复生态，风雨流化露奇观。

美国黄石公园硫磺喷泉景貌

178.　　硫泉奇观

崖边澈水轻流过，白丘喷气热水泉，
薄水澈下千般色，亿年奇石耀世间。

美国黄石公园硫磺泉水，各色矿物质积存亿年，形成大理石。

179.　　公园晨景

二十月亮西边垂，朝阳勾月相互璀，
五色珠宝峰壁挂，珠光耀世绝天涯。

一大早黄石公园妈妈峰观景。

180.　　瀑布彩虹

河水冲下势穿峪，水气交织千色艳，
彩虹似镜圈人影，两壁奇石耀光环。

美国黄石公园瀑布观景。

181.　　崖涧

仰望峰壁行路绝，峰壁刃断一线天，
回首身后水流湍，祈求天神助出涧。

美国黄石公园峡谷步行。

182. 崖壁奇观

五彩峰壁耀世间，形似生物各展现，
形形色色各生辉，似雕似塑各耀眼。

美国黄石公园景

183. 湖泊

遥望蓝天静如蝉，无边微波银光闪，
天高水远不知边，白云似帆不见船。

独自步行美国黄石公园高山湖泊岸边。

184. 夏日雪峰湖

湖底雪峰秀，涯岸阳光灿，
似冬何露臂，似夏峰雪现，
水清澈见底，银波泳影现，
风景迷人智，四季难分辨。

美国大彻公园湖景，湖中有人在游泳。

185. 傍晚游船漂流

夕阳微波水上飘，波上留影别夕草，
随波逐流轻飘去，前流霞光映峰峭。

美国大提顿公园河坐船飘流。

186. 大峡谷景

平步崖林行，峪壁行路断，
探头望峪底，极目物不辨，
驱骑峰间下，一日方到涧，
溪水河流急，亿年涮壁岸，
怪异形壁景，峰壁入云端。

美国大峡谷，骑马下峪，步行峪底壮观。

187. 美国西部峡景

月行万里路，目过千重山，
林峪百川隐，峰丘形色连。

美国黄石公园驱车到大峡谷一路风景。

188. 车行峡谷间

秋草黄黄霞光染，群峰似云飘其间，

自感霞空人身微，唯有峰草伴身边。

坐车行进在美国黄石公园到拉斯维加斯的公路上。

189. 崖壁下观景

褐色壁下观碧空，半目褐色半目空，
奇石怪物壁上挂，留影溪水云霞中。

美国大峡谷底观景。

190. 奇境旅游

一路奇观异石，赏景精疲力尽，
异景连锦不断，随影激动人心。

美国西部坐车一路观景感受。

191. 峡景

红泥塑艺壁，技巧夺天工，
各物形色异，仰望壁入空。

美国大峡谷底观景。

192.　　步行峡谷

步行石林行路窄，仰望天空阳光稀，
两峰相间侧身过，五彩峰壁色染衣。

攀爬美国大峡谷石林间。

193.　　观峡景

俯首壁下观，千剑褐色染，
峰剑刺眼前，惊目叹奇观。

美国西部观石林有感。

194.　　石林

俯下万景千般色，似笋似塔似宫殿，
一览众景千目少，观景十日不思还。

坐车从美国黄石公园到大峡谷的路上，雄伟宏大鲜艳的石林，呈现山各色各形石玉一样的奇石峰，令人惊叹。

195.　　奇景

众观石物景，五彩耀缤纷，
宏大奇景异，天功世界名。

美国大峡谷玉峰景

196. 奇峰

峪深奇峰斗,一览天下绝,
各层色分明,形如生物秀。

美国大峡谷景观

197. 奇峰铭心

一览峡谷景,众山不想游,
千景显百态,奇景留铭心。

美国化石林国家公园峪景感受。

198. 峰云

众峰一线撑蓝天,各色奇峰形万千,
五颜六色白云衬,峪河彩壁天地间。

美国大峡谷北岸观南岸景。

199. 游峪惊悚

前路峰壁断,仰望一线天,

悬崖峰壁挂，风过欲断崖，
惊悚无逃路，悔初误入峡。

美国化石林国家公园峡谷中行走胆颤心惊。

200. 胆怯峡谷行

跚步峡间路，奇石头上悬，
轻步心惊跳，害怕地动摇。

行走在美国大峡谷。

201. 赌场

银屏彩幕映秀景，头顶彩塑光盈盈，
脚下花斑亿年石，赌者豪注押输赢，
机响锤下各颜面，身束各装囊币尽，
共怀念头少如愿，离别回首各怀情。

美国拉斯维加斯赌场景

202. 商街豪华

步行商街辉煌极，顶塑恋目玉铺路，
形似皇宫势更宏，惊异留恋步缓去。

美国拉斯维加斯商街

203.　　商街

尼斯河流从天降，船夫歌声响耳旁，
蓝色天空白云浮，两岸商橱耀色光，
一切皆因赚钱意，诱人迷眼借景象。

美国拉斯维加斯装饰，借景威尼斯以吸人眼球扩大商机。

204.　　赌徒

彩屏映人影，心跳下赌注，
屏显赌码相，梦醒已净身。

美国拉斯维加斯赌场景。

205.　　风流地

花红酒绿天地醉，秀景娇女迷人心，
激情人性一兴尽，富贵人生圆梦境。

美国拉斯维加斯是赌场，妓院。

206.　　闻名游乐场

维加斯闻名世间，天涯人逐梦游玩，
大厦厅堂似宫殿，游人如织情万千。

美国拉斯维加斯名声远扬，各色人，各怀心态，到此一游。

207. 马里兰公园

绿山蓝空白云飞，轻风漂过湖波微，
鸟飞蓝天鱼潜水，前路无道蝶虫随。

游美国马里兰州公园。

208. 初春

阳光初暖二月天，千般生物盼春还，
草萌虫醒万物苏，一朝春风千花艳。

美国弗吉尼亚公园初春游。

209. 改朝换代

世间风云几千年，一声惊雷乾坤变，
初朝清明晚色暗，一朝朝阳落九天，
众盼月明阳光灿，流史千年到永远。

人们向往和平，政治清明，不要从复过去的历史。

210. 晚霞散步

夕阳宴后步澈溪，清水轻流恋浅洼，
斜阳染林银叶枝，初秋微风送晚霞。

夕阳下漫步在公园。

211. 隐士

文士豪言不甘下，落魄独步游天涯，
隐居山林不见客，留下诗文传天下。

读古诗文有感。

212. 耄年读诗

注目书上语，眼歇窗外林，
春芽秋叶黄，四季轮回去，
耄年无趣意，思进史诗文。

213. 生日情思

每到生日宴，亲朋海外餐，
杯杯酒下肚，面赤念天边，
白云飘洋岸，溪水流宅边，
儿时朦胧意，伴随到耄年。

流历海外，每到生日，窗前杯酒思乡。

214. 海外老友

静夜浩空圆月挂，好友别离留天涯，
容貌依旧情如昔，遥相举杯云转话。

流历海外，杯酒窗前观月。

215. 森林步行景观

平丘树密林如海，腐木横竖枯叶盖，
林间跡路径似蚓，鸟兽闲游无行人，
仰望蓝空成碎片，阳光耀眼枝叶染。

初秋游弗吉尼亚国家公园景色。

216. 社会

世间风云几千年，史事演变眼花乱，
是非曲直谁定论，权贵一诰鼎九言，
人生沧桑似流水，沧海一粟草民贱。

参观美国新闻博物馆各个时期各种新闻图片联想。

217. 古迹感怀

千年古迹留至今，风雨侵蚀遗残痕，
昔日悲欢梦幻影，后人静观各怀情。

参观古迹有感。

218. 摇滚歌者

摇滚者的他，长发象征着他，
怆伤流离的生活，留下长发，
呐喊歌声的爆发，似那千丝的长发，
坚韧的内心世界，伴随着他，
啊！伴随着长发。

墨西哥看摇滚者表演的风姿。

219. 世风

世事劲风景同色，日落秋雨千色变，
叶绿叶黄根自知，冷暖世间下人难。

世事……

220. 山野牧场

天际隐山后，草峰入云端，

牛羊空中闲，白云飘山间。

加拿大北方草原

221. 沧海人生

天罩沧海人间，方知目光短浅，
难窥千面一隅，渺小似尘人间。

观沧海，叹人生……

222. 历史人文

久视天穹白云飞，时聚时散事似云，
人间世事几千年，淹没风流史至今。

观天空，思历史。

223. 非洲难民

海面天空成一片，浩瀚大际呈眼前，
大洋彼岸呻吟声，风卷浪花有谁怜。

站在大西洋岸，彼岸的非洲难民。

224. 洋面小岛

水面蓝空实难辩,草木似云飘其间,
鱼游鸟翔闲无忧,犹是仙景降眼前。

站在大西洋岸,蓝空白云小岛。

225. 楚史

楚汉相争风云起,刀箭飞舞人心诈,
谁为百姓谋生计?苍生血染黄袍衣。

读史记感怀……

226. 人生

人生犹如空中雪,风卷飘荡降世间,
入地入海形不见,凡人一生隐人间。

草民人生

227. 故乡

夕阳呀,霞光万丈,
乡情呀,胸中奔放,
彩云呀,飘过大洋,
海浪呀,涌向故乡。

美国加州太平洋彼岸,夕阳下遥望思故乡。

228. 流民

世间风云草民贱,芸芸贱草禽嘴餐,
泪观天下谁为怜?逃遍天涯身何安?

草民人生

229. 历史人文

汉武大帝昔日君,金銮殿下乱风云,
风云已过山河在,文化露昔思旧根。

读史记感怀。

230. 同学视屏交流

屏似颜面言是情,相视千言难述尽,
情似白云似浪涌,同窗耄年露乡音。

同学视屏聊天感言。

231. 渺小

天罩沧海绿川,方觉目光短浅,

难观千面一隅，渺小没入世间。

美国西海岸观海景遐想……

232.　红尘

看破红尘心已伤，世间风云起四方，
光环影后私心隐，黄粱人去心已凉。

看破红尘……

233.　五彩湖

清流淀下千年彩，五颜六色映蓝天，
波光淌镜人影斜，日月映影霞光灿。

中国黄龙沟五彩湖

234.　银盆瀑布

白沙铸盆清水流，层层银丝满目收，
银丝千年不断线，银盆漱波荡千秋。

中国黄龙沟水流瀑布

235.　　湖中枯木

澈底枯木影，水下绿苔青，
虽是水中木，胜过陆上生。

九寨沟湖景

236.　　树下清水流

初看一遍灌木林，细瞧树根银水流，
银丝似根冠如伞，丝帘飘垂树下影。

中国九寨沟景

237.　　三峡大坝

千河奔泻汇入流，一朝雷雨泛九州，
垒坝截流千波静，水随人意润生灵。

长江三峡大坝

238.　　长江三峡

薄雾江上峭峰影，仰望蓝空不成形，
错落玉壁映水面，东去流波无回程。

晨游长江三峡。

239.　　黄鹤楼

雾光水隐现，视下楼耸立，
峰亭今仍在，未闻黄鹤鸣。

黄鹤楼上观景。

240.　　耄年同学会

忆昔日五十年前，音影在泪眼中现，
笑语歌声耳边绕，青春漂浮梦里年，
时光远去情未变，古宅饮酒心飞扬，
杯中昔影令人伤，昔日同窗散四方，
余窗恋别何日见，望空祈愿天涯伴，
留下情谊伴永远。

五十周年同学会

241.　　创业艰辛

人生经历万水千山，世人恰是生物宇间，
智勇者似鹰瀚空翔，怯庸者绕巢爬行闲，
怨鹰蓝空蚕食地灵，哪知凌空风雨崖悬，
千难万险有谁体验，唯鹰隐忍海量心间。

赠与一位草根的女企业家。

242.　　租地维生

荒山深峪昔日影，崎岖山路肩挑行，
世袭无地随飘泊，不知明日何安生。

回到故乡意想老祖宗的艰难谋生。

243.　　节日思乡

圣诞春节两欢宴，举杯遥望远洋边，
思乡远方情万千，风云海波涌彼岸。

每到逢年过节，对故乡的思念。

244.　　听音乐

溪水青轻流，歌声扬悠悠，
朝阳粼粼水，怡情绵绵散。

坐在溪水边听音乐。

245.　　三峡仙女峰

仰望奇峰立太空，恰是仙女视苍穹，
屹立万古风雨中，览遍世事如流洪。

游三峡观仙女峰，仙女视苍穹，观察人间世事。

246. 峡景

身立峪底容身窄,仰望升空难上难,
水流无泾目无路,崖挂树木各色斑。

小三峡漂流。

247. 刘备托孤

千年古宇室空静,侠肝义胆示后人,
沙场惨烈昔日影,去日国事托旧臣。

白帝城

248. 三峡景

雾锁峰微波水面,天空蓝峰入云端,
山阻目不见水源,天水间斑色万千。

坐游船游三峡。

249. 忆唐诗景

慢游江水面,旧景水下潜,
两岸青山过,不闻啼声猿。

坐游船游三峡库区,蓄水淹没旧景,想起李白诗。

250. 忆昔峡景

遐想昔溪在脚下，今日蓬船游半山，
两岸悬崖擦身过，不见前路色斑灿。

坐游船库区小三峡，水位已到半山。

251. 抗战

江水流去旧时情，古宅透出昔日影，
浴血奋战为太平，江山依旧情义尽。

参观抗日战争纪念地。

252. 荷塘游

荷塘叶青花色艳，蓝天白云目光浅，
轻步闲目微风荡，绿途无径不思还。

闲游美国马里兰荷塘。

253. 静闲

满目绿坪青山，唯有蓝天为伴，
静空轻风徐徐，吾微没入宇间。

坐在寂静的山野。

254. 往事

人生过七十，回首多磋砣，
提笔释胸怀，望空对谁说，
蓝空白云去，环宇事如海。

耄年释怀。

255. 执迷者

枕下悬崖隐风云，黄粱美梦兴未尽，
一朝初醒风雷起，梦碎黄粱悔愚心。

不识时事的执迷不悟者

256. 峡谷游

崖下乱石跚步行，两碧相间侧身进，
径侧小流绕石奔，烈日当空崖下昏。

美国洛基山脉峡谷步行。

257. 峡谷

玉壁银丝千流下，黄石精雕挂悬崖，
冲霄石笋密如林，目下深渊不见峡。

美国洛基山山脉瀑布石林

258. 世风尽

笔下挥洒钱途迷，情趣横生著书经，
千年文明不见影，水去东流文根尽？

当今文风，几千年文明荡然无存。

259. 人烟稀少的峡谷

远望蓝空彩云飘，夕阳鲜彩挂壁峭，
群峰暗影似如海，今夕何处度今宵。

夕阳下美国洛基山观景，路途艰险……

260. 峰湖景

烈日辉下雪山静，澈水映空浮白云，
奇峰入空立水面，波纹浮云雪山影。

美国洛基山脉湖泊景

261. 晴日雪峰

环视雪山怀抱，峰顶似丘云矮，
天低日近风嚎，气短腿软心跳。

登美国落基山脉。

262. 夏日雪峰草原

原上雪峰白,蓝空罩绿地,
四面青山绕,绿盆宜居宅。

美国洛基山脉中的度假村

263. 园花娇语

满目野花艳,不见娇女影,
妻叨别沾花,花非路边生。

走在盛开野花的山野,想起了歌词"路边的野花你不要采"。

264. 峡壁景观

日落显平川,线溪深万涧,
亿年水铸就,峭壁挂奇观。

美国洛基山脉景观

265. 滑雪

寒士三九苦，富豪滑雪欢，
人生千秋别，谁知别冷暖。

在高山滑雪场看到那坐豪车，开私人飞机来滑雪人所想……

266. 峡壁景

四围峰壁峭，峪底容身小，
仰望峰云挤，骄阳斜空照。

山峪底观景。

267. 春游

白云头上飘，清水脚下绕，
满目色花艳，微风送春晓。

公园散步。

268. 冬日峰景

赤峰缀绿深，峰巅残雪留，
蓝空寒风微，天低日月近。

美国洛基山观景。

269. 平原

无丘的平原，远方的天边，
蓝绿夹天线，前路入云端。

汽车行驶在美国西部高山平原上。

270. 峡谷游

青峰入白云，朗日头上挂，
脚下涧水流，轻风身悬崖。

游走在美国洛基山脉。

271. 溪流

湛湛清澈的溪流，源流寂静的山间，
带走山林的意愿，流向未来的山川。

行走在美国洛基山峡谷间。

272. 峰湖景

湖水飘青松，尖梢入白云，
阳光水里跃，鱼在天上游。

美国洛基山湖泊观景。

273. 清湖

镜面浮荷伞,树影把伞撑,
白云似鱼巢,彩石水底现。

美国西部山间荷塘观景。

274. 观群峰

头上蓝天霞空低,白云似幕映丘峰,
一望无边山峦影,天地之间观不尽。

美国西部山峰观景。

275. 草民人生

平民一生如梦兮,终其一生仍未醒,
沙场田野为其禄,血汗皆为黄袍衣。

历史平民百姓之命

276. 化石

亿年前海底鱼游,而今天鹤鸟飞悠,

天翻地覆光阴逝,海洋生物岩层留。

美国洛杉矶地貌

277. 兽地

荒野树密林森森,虎豹豺狼留足痕,
胆颤心惊四下望,悔初贸然入它境。

行走在美国洛基山原始森林。

278. 山海峰

远望奇峰异景,飘浮微波海滨,
蓝空各围半屏,似山似水相衬。

车行在美国西海岸观景。

279. 三国

江边仰望石宝寨,亭柱山石相互依,
沙场惨烈昔日影,去日国事托旧人。

长江三峡石宝寨

280.　纸币

昔日黄金帛，今夕是纸币，
衣食常未改，积币黄粱碎。

改朝换代，旧币作废。

281.　牧羊草原

高亢的草原歌声，蓝空飘浮的白云，
清澈流淌的河水，歌声飘去的远景。

美国洛基山草地，散布牛羊，歌声回荡。

282.　峰云海

满目峰尖密似丘，俯视峪不见溪流，
峰似海不知界线，峰出雾海无尽头。

洛基山脉峰顶观景。

283.　世事

草木枯荣岁岁复，世间风云事千秋，
人生贫富谁能定，古今万世永不休。

风云历史几千年，世事如草木。

284. 耄年游

人过七旬望路远，天涯美景心不甘，
愿作雄鹰天空翔，游遍天下览世间。

坐车去美国缅因州旅游的路上。

285. 纽约人文

高楼林立霞空窄，万窗光下显人生，
欢声笑语淹呻吟，人世百态众芸生。

纽约大街上，高楼如林，亮窗里的笑声，流落街头的乞丐。

286. 社会

大厦林立楼峰奇，万窗玻后千色斑，
万民居所宅各异，同是夜梦各自圆。

美国纽约夜景，各层人士各式宅居……

287. 纽约社会

人流穿梭肤色异，南来北往脚步急，
五湖四海共为天，朝夕相处同呼吸，
种族不同情无异，同是天涯共生地。

美国纽约人群

288.　湿地

水上浮草坪，船远蓝空近，
波纹光耀眼，人影伴鱼行。

散步在美国缅因州海边湿地。

289.　海岸公路

车驰洋岸线，海水映蓝天，
人入白云去，草木阳光伴。

坐车奔驰在缅因州海岸公路上。

290.　哈佛人文

学子向往地，智商诞生源，
相面肤色异，权贵是姻缘。

参观哈佛大学，那里是精英和权贵子嗣的衍生地。

291.　宜居地

览尽天下景，唯恋此山中，

四目霞空染，山川林木静。

美国缅因州太西洋岸公园

292. 移民

远望蓝天疑为水，白云似帆飘海面，
灯塔孤立海岸边，先主飘洋是为谁？

美国大西洋岸奥古斯海岸灯塔

293. 湿地

貌似草地隐深潭，水道弯弯绕其间，
鹤鸭悠飞寻食忙，水草无边是乐园。

大西洋海边湿地

294. 峰云

深峡峰剑怒冲天，溪水不见劈石乱，
白云似盾挡利刃，蓝空似罩耀光环。

美国洛杉矶山脉

295.　　闲情

海岸微风过，意随白云飘，
闲坐礁石上，似舟逐浪波。

坐在大西洋海岸。

296.　　外事

扔家老小渡重洋，族裔委托到异邦，
语异习别俗难融，人静窗下望故乡。

驻外机构人员

297.　　外交议事

他国共事礼制异，常为族利起纷争，
异邦势孤言语慎，族裔礼制是主因。

国际议事

298.　　礼制

皇朝兴衰几千年，独裁腐败丧皇权，
深思根源何之过，皇室民风是根源。

历史

299. 民国

清朝衰弱外族侵，中山立义民国兴，
介石就位失国策，败走孤岛了终身。

民国蒋介石

300. 农夫

农夫一生四季累，终其一生两手空，
谷食养活天下士，史书遗文无留名。

民生

301. 孤妇

夜静人微孤身泪，窗前何方明月寻，
寒星影下浩空远，泪眼望空盼亲归。

孤妇晚窗前思夫。

302. 出租车司机

车轮转辘辘，司机轮班休，
妻离我入宅，有床难同守。

中国出租车司机生活

303. 洋中小海

一遍银波浮林丘，蓝天白云后影秀，
艳阳光耀瀚空挂，水鸟小船视为家。

美国缅因州北大西洋群岛。

304. 岛林似丘

银波水面青山群，蓝天白云水里映，
水面浮岛似丘林，弯曲水面林丘隐。

美国缅因州海面群岛

305. 海景

蓝天碧海成一片，海浪卷云波光闪，
伊人立岸目天海，无边沧穹扬帆船。

美国大西洋海岸观海。

306. 观海思乡

海洋澈水沙石清，荡波万里传乡情，
天际水面隔不断，难忘儿时故乡影。

站立海岸望故乡。

307. 森林

林海夕阳下，远处林孤灯，
兽出鸟归穴，静路无人影。

行走在美国麻省人烟稀少的森林。

308. 狂风海面

烟波海面群岛隐，海风卷云日不清，
不见渔翁飞鸟静，波清无鱼沙石清。

美国波士顿海岸公园，站立海岸刮来了云雾。

309. 港湾

大西洋湾千岛群，星落棋布水浮森，
巨浪银波涌不停，千帆鱼岛港湾静。

美国缅因州大西洋海景

310. 旧事

人立海岸心绪淡，万顷银波荡旧念，
昔日千事心中绕，海阔天空万事宽。

站在海岸，一望无边的海面，心情宽松。

311. 湖景

雾锁湖面眼光短，四围青山目不见，
澈水沙石鱼闲游，昂首水鸟立石边。

浓雾漫湖，但眼下水清。

312. 移民观自由女神像

两河交汇入海洋，万顷银波荡神像，
昔日祖辈落荒地，后嗣远望荡回肠。

移民站在纽约东河交汇处，远望自由女神像，心绪万千。

313. 港口夕阳

海中群岛天水蓝，水面绿林雀鸟欢，
荡波千里夕阳下，晚霞映波夜船还。

傍晚美国波士顿港景

314. 苦工

炉前架上汗如雨，井下矿野尘中影，
独楼豪宅权贵住，工奴寒衣窑安生。

社会苦工

315. 乞丐

古楼石墙褛民蹲,愁眉紧锁有谁怜?
高楼辉煌锦衣士,望天之别叹人生,
天地之大谁为伍,淹没人海如烟尘。

纽约大街上的乞丐

316. 兴游

遥望瀚空深邃,回望已越万里,
梦里前路秀景,愿留天涯人生。

旅游路上

317. 瀚海

霞光海面飘白云,园顶蓝空罩海面,
环目银盘天海远,不知陆影何处寻。

傍晚游船上四望。

318. 乱世

族裔相争风云起,乱世不宁百姓凄,

山河不在皇权尽，谁主天下是何人？

非洲乱世

319. 兴游

穿梭青山绿水间，蓝天白云歌声伴，
前方美景令人恋，但愿美景时光慢。

旅游路上

320. 海面

慢目远眺白云低，蓝空银波海水平，
巨轮漫游鸥鹏舞，四寻青山不见影。

游船上观海。

321. 展物情

满架古董生旧情，先人遗物昔日影，
时光远去不复还，触物生情思连篇。

参观美国纽约博物馆。

322. 建筑工

烈日下寒冬雪，高架上渡日月，
温室内凉爽宅，筑巢人谁体贴。

看到建筑工地高架上劳作的工人。

323. 纽约各层人士宅室

万户灯光耀，贫富各进宅，
权贵多衣室，下民共室道。

纽约街道

324. 思故乡

凝望故乡山川，思绪往事万千，
岁月时光流逝，触物情思心暖。

故里情

325. 视屏

同窗微信视如故，昔日稚语旧忆现，
路遥万里屏见容，相貌影相同窗前。

留守美国家中看微信静忆。

326.　　屏幕广告

千屏图文光色艳，意在扬名留世间，
各展图文千百态，触人眼目留心间。

纽约时代广场夜景

327.　　故宅情

白云蓝空静山水，游子回探故土宅，
草木茅屋夕阳下，旧情往事随人归。

探故宅。

328.　　高楼群

惊目厦林顶蓝空，远望天边楼峰中，
俯视群楼不见底，满目玻窗各色浓。

美国纽约街景

329.　　高楼情

闲坐高楼室中静，遐想置身半空中，
脚下人流车来往，心惊自叹离世尘。

坐在纽约高楼的家中

330. 回味

耄年儿时影，回味渡人生，
千秋昨日梦，往事百味生。

耄年思人生。

331. 回故里

凝望故乡山川，思绪往事万千，
岁月时光流逝，触景情思绵绵。

回到故乡观旧景。

332. 同学情

同学微信视如故，昔日稚语荡心间，
路遥万里屏见容，同窗影相旧梦现。

老同学网上视频聊天。

333. 社会

少爷小姐情语欢，农夫奴工泪锁眼，
帛衣美食权贵口，糙米野菜贱民餐。

读古书感怀。

334. 农活

汗眼望峰直，脚下梯步陡，
肩担食粟重，朝出夜归至。

山区农夫

335. 打工

满目霞空染，远望瀚空静，
朝阳月不见，灯下人影还。

忙碌的工人，起早贪黑。

336. 村孤妇

蓝空绿林孤身静，耄年忆昔无旧影，
淡泊一生如流水，人微似尘瀚空隐。

乡村孤独的老人

337. 海景

海底似空礁石艳，奇崖异石鱼虾闲，
奇姿异形千般色，翔游飞舞目色乱。

海南海底世界

338.　　远游

天昏地暗不识路，传闻天涯美景远，
路途遥遥无知音，何处借光启征程。

独自奢望远游，游途艰险。

339.　　孤独人

秋风叶落静，独身无旧人，
头上明月挂，天幕隐深情。

离弃孤独的人。

340.　　老人

青山溪流淌诗意，鸟叫虫鸣是歌声，
穷宅闲坐独身静，万事散去无旧人。

老人独处老宅。

341.　　移民

朝阳辉下尖塔影，三百年前是草坪，
印地安人挥泪去，尼斯河畔送旧人。

意大利威尼斯

342.　　深夜盼亲人

暗空月光淡，百鸟入巢静，
行人匆匆步，灯下盼归人。

傍晚倚门盼望丈夫回家。

343.　　丰收

天上浮云轻，路上行人忙，
秋末谷进仓，岁尾庆岁忙。

丰收年末

344.　　森林散步

人微轻静入林，万木矗立瀚空，
四目望无人影，绿叶银片林静。

独步森林中。

345.　　运河

堤坝古沙石，河道野草生，
昔日船影忙，岸边纤夫竞。

弗吉尼亚古运河

346. 醉酒思友

窗前明月酒满樽，书桌稚语情醉心，
浩空沧海隔不断，遥祝学友福永生。

太平洋彼岸独杯窗前，饮酒思怀。

347. 饮酒念情

中秋月园明，望空念亲人，
昔日窗前坐，把酒慰旧人。

中秋节窗前饮酒念情。

348. 人文

天穹浩瀚宇宙空，日月耀眼繁星明，
人间世事几千年，谁人能慰世人心。

人间事情

349. 意无边

草木入春千色艳，闺秀惊目叹红颜，
艳花美女相辉映，千目探色意无边。

春天花园里青年男女赏花，各怀情思。

350.　　漫步赏花

花木伴行密无间，头上枝花脚下粘，
目过千花不相识，卉木牵留脚步缓。

春天行走在华盛顿公园花卉中。

351.　　自由女神像

霞光辉下映神像，波光粼粼望天际，
千帆飘过昔日影，寻根问脉在何方。

定居纽约的欧洲后裔，眺望着浩瀚海面岛上的女神像，追忆祖先。

352.　　红院

一日寒风千花谢，嫣消玉碎黄粱消，
宫清人静烟散去，旧时颜面何处瞧。

红楼梦旧园

353.　　曼哈顿

白云辉下满目楼，千窗各艳缀霞空，
亮宇耸立天地间，人微仰目窄空见。

纽约曼哈顿市景

354. 高楼

仰望天空楼遮目，白云漂去楼影后，
阳光耀眼玻光闪，不见日球在何处。

曼哈顿日光下市景

355. 阳台看书

闲情怡心事，唯有阳台书，
史事茶中味，林鸟声伴读。

森林中的家，阳台看书喝茶。

356. 同学视屏

昔日同学忆校园，同伴书桌情牵联，
毕业就业天南北，时空流水今耄年，
屏面叙言千万语，难述别后事万千，
祝愿校友永康健，常到屏前述衷肠。

同学视屏会

357.　　老友相会

耄年友人见，相视忆旧容，
昔日共朝暮，如今各西东，
往事流水去，惜别难觅踪，
祝愿人长久，福寿共永同。

老同事聚会

358.　　世风

天下风云权贵起，世间皆为逐利人，
豪言壮语迷天下，望天试问几人醒。

旧时世风

359.　　世风

世间无穷谁觉富，食宿无异欲相同，
世间陌路千万道，随性殊途各归宿。

人间世道

360.　　乐谱

古琴声浑千重音，悠声溶进万种情，
世间哀乐曲中韵，音似流水荡乾坤。

音乐

361. 南海

瀚海入雾空，天海目相同，
波浪心里涌，海涯在天穹。

海南三亚海岸观景。

362. 舞韵

舞姿似心态，乐韵荡情怀，
舞者随音飘，姿语伴舞台。

舞场

363. 故乡路

登高望乡群峰秀，满目葱翠掩旧痕，
脚下旧路野草茂，儿时幼影如梦中。

走在故乡的山路上。

364. 村妇

茅房荒树隐，村妇立屋门，

山外蝶花艳，夫出无音信。

外出打工的丈夫多年未归，村妇屋前彷徨。

365. 春色

霞彩绿叶银光染，荫下茂草蝶花飞，
蓝空白云色分明，近视远目色万千。

游走在美国马里兰森林公园里。

366. 野游

秋深月凉瀚空静，天远地阔空无边，
足下千里夜无宅，宵夜无奈虫鸟伴。

背包客独游。

367. 春天

万花蝶添翼，微风送鸟飞，
霞空绿染枝，春草是地衣。

春天游美国弗吉尼亚公园景。

368. 出走

穷途怨恨怒滔天，慈母举棍手下软，
赶子出门实难愿，游子他乡路遥远，
日后衣食何相依，母子同心互牵念。

愤怒的母亲赶子出家门。

369. 洪水

天河奔流万涛涌，流下人微千目惊，
怯洪没顶无逃路，冲浪击崖似雷声。

美国波多马克河洪水

370. 晨雾独步

茫空不见日，雾海难觅松，
注目路无影，独身净无声。

晨雾森林散步。

371. 生日祝词

元娣似青松，屹峰百岁秀，
纵观天下事，福寿伴永同。

祝福同学张元娣七十岁生日。

372. 游泳

入水爽身似鱼心，戏水任游溢性情，
人性百乐无觅处，水下自有趣味生，
肢体语意莫相顾，耄年夫妇在岸亲。

男女同学游泳，昔日情思。

373. 外逃

洋岸静墅海波轻，风去往事忧心净，
瀚海蓝空万里外，忆昔难忘旧容情，
昔日千事共携手，如今千陌难言尽。

远逃加拿大温哥华奸商心怀……

374. 凉爽

远望雪山静，瀚空飞鸟绝，
夏日头顶艳，凉风透彻身。

夏日旅游在加拿大西北部。

375. 景文

人心似海情似浪，人文千面水茫茫，
蛟龙搅海千重浪，鱼虾势弱海藻藏。

站在加拿大太平洋海岸联想。

376. 世文

海深千尺雨水聚，意深似海万般情，
人世沧桑天下事，权贵一口定乾坤。

站在加拿大太平洋海岸联想。

377. 世间

天下风云权贵起，世间皆为逐利人，
豪言壮语迷天下，望天试问几人醒？

纵观世界几千年历史，风云变幻，看破红尘。

378. 傲气

褐色崖上独立松，无土无水石缝生，
暴风雷雨雪花飘，寒暑傲立不变容。

站在加拿大西北部高山上观景联想。

379.　　崖水天

万波澈水映黄崖，水天一色群崖断，
远目不见水崖源，红日落下映波涧。

站在加拿大西北部群峰湖畔。

380.　　恋景

秋草黄黄笔松稀，砂峰直下隐澈溪，
远望崎路入深山，行路回头恋步去。

九月步行在加拿大西北部山区。

381.　　秋色

峰壁枯草黄，崖下湖波荡，
雨水不恋草，小溪细水忙。

九月步行加拿大西北部山区。

382.　　林中散步

草林树木茂，树下枯枝横，
虫鸟兽声静，入林心自轻。

行走在加拿大原始森林中。

383. 美景

绿树花裙水中影，日落水中辉枝生，
银波主峰入蓝空，身处奇境视天穹。

行走在高山湖畔，景色各异，感叹。

384. 森林行

笔松密立刺蓝天，树下枯木枝杆残，
注目前后不见路，侧身惊过树杆间。

行走在加拿大原始森林公园。

385. 峰涧景

两侧奇峰阳光稀，崖间相挤疑无径，
石缝青松何为生，涧下石缝淌清溪。

行走在加拿大石林公园。

386. 冰川

雪花飘落千万年，相融为冰填山川，
苍天下雨水流去，唯雪化身存万年。

加拿大西北部万重雪山冰川

387.　　洞喷泉

悬崖洞喷水，奔流下千尺，
轰鸣耳欲聋，隐龙怒向谁？

加拿大悬崖喷泉冲下千尺悬崖轰鸣。

388.　　峡溪

两岸深涧溪水流，笔松茂密掩根丘，
仰望蓝天树入空，卵石激流水中游。

行走在加拿大溪水森林间。

389.　　沙石峰

海底隆起峰入空，岩层风蚀化石现，
流沙无水生物绝，斜峰褐色阳光中。

行走在加拿大西北部沙石峰公园。

390.　　物似人世

万载流刷千尺涧，惊叹人生何其短，
人世长涧千波折，留在史事有几篇。

行走在美国峡谷，联想人世。

391. 湖崖景

残雪奇峰入蓝空，崖下湖面烈日影，
诸峰峥嵘蓝空窄，水鸟波纹崖树青。

行走在加拿大西北部湖区。

392. 湖林崖

阳光褐峰映蓝空，湖波银光鸟归林，
暗林绿带别天地，崖挂夕阳晚霞红。

加拿大西北部山区

393. 崖峰景

崖下白云静，青峰蓝空中，
骄阳当空耀，疑身在天穹。

雨后的加拿大北部山区

394. 草原

天际草原牛羊闲，牧人慢步进篷毡，
蓝天白云人留恋，青青小草牛羊欢。

加拿大西北部草原

395. 愿想

天下同富无穷人，何人事工去农耕，
衣食住行必天价，富人利从何处生？

天下同富何人信？

396. 歌舞

靡靡之音意沉沉，红尘远路志轻轻，
今夕欢渡忘明日，歌声娇女迷人心。

歌舞升平

397. 北美华人

华人北美地，先辈故旧居，
而今万里外，谋生思祖迹。

走在北美印地安人世居地。

398. 海底景

海底似空礁石艳，奇崖异石鱼游闲，
形姿异美千斑色，翔游异水目色乱。

美国佛罗里达海景

399. 入寺

俯瞰楼峰密，寺内钟声静，
凡心脱世俗，弃尘修自心。

超凡脱俗

400. 峪峰

峡壁峰云峭，峪底溪流小，
仰望峰云挤，骄阳露半身。

加拿大西北部峡谷

401. 纽约夜景

惊目群厦入蓝空，仰望天际楼缝中，
横竖交错不见底，满目玻窗艳色浓。

美国纽约市景

402. 打工者

梯田坡土农夫影，早出晚归田间耕，
秋收几何难养家，外出打工济家亲。

中国农村打工者

403. 贫富

山坡路陡农夫影，肩挑背磨汗淋淋，
权贵奢宴饲耕泪，酒食欢笑有谁怜？

世间贫富

404. 祈求

历史风云几千年，王朝更替皆为权，
谁君愿解下民苦，万众下民祭苍天。

皇天在上。

405. 男儿观花

草木入春千花艳，蝶飞伴闺迷人眼，
男儿心跳窥色迷，花落谁主归家还。

春花男儿情

406. 林雪

木林秃枝碎蓝空，寒风轻过雪枝静，
碎雪盖叶不见路，动物避寒不见影。

冬天行走在美国森林公园。

407.　　石林

玉壁银丝千流下，黄石精雕挂悬崖，
入霄石笋密如林，目下深渊不见峡。

行走在美国西部化石林国家公园。

408.　　兽林

荒野树密林森森，虎豹豺狼留足痕，
胆颤心惊四下望，悔初贸然入它景。

行走在美国仙嫩多婀国家公园。

409.　　草原

无边草原白云闲，是云是羊目难辩，
牧人骑马隐其间，远望天际成一片。

加拿大班芙草原

410.　　溪乐步

溪水清轻流，歌声扬扬悠，
朝阳璨璨水，怡情绵绵散。

揣着放音机放音，漫步公园。

411. 思故乡

天边挂明月,远目思故乡,
心思碧波去,意逐儿时房。

月夜思故乡。

412. 十五月亮

十五月亮瀚空圆,秋爽夜静月光璨,
远方旧友窗前杯,酒里情思醉旧念。

远在美国的同事饮酒月光下忆旧。

413. 秋色

茫空雨绵绵,林丘草叶黄,
天穹雁南飞,大地秋风凉。

秋天

414. 歌厅

歌声靡靡音,影视悠忧情,
不闻世间事,哪知日后生。

彷徨人生。

415. 醉梦

美音醉人心,艳屏迷人念,
苍天白日梦,黄粱梦未醒。
沉醉歌迷。

416. 均平富

天下大同人所愿,豪言壮语迷世间,
纵观历史几千年,谁朝贫富同苦甘?

世间均平富是不可能实行的幻想。

417. 创业难

雄鹰展翅风雨伴,瀚空无际栖枝难,
远翔沧海天穹远,俯视惧险收翅难。

赠给平民企业家。

418. 失意

世间烦事一扫尽,耳目不闻心灵闲,
稀粥陋室衣遮体,山水相伴日月明。

失败的创业者

419. 艰辛

雄鹰高飞翔途艰,翅下风云峰海远,
前视远穹日月近,朝暮思巢夜难还。

赠给忙碌的企业家。

420. 失恋者

天际知音千难寻,一首诗歌入意境,
人世百态各性定,千言万语各怀情。

那些失恋者感怀。

421. 晨林溪步

崇山树林静,鸟兽梦未醒,
溪底清水流,独步脚下轻,
寻径树侧伴,光暗无人影。

清晨漫步森林。

422. 呐喊

呐喊随风飘空中,心声迸发散深情,
望天何时圆梦境,盼到瀚空日月明。

失败者的呐喊

423. 秋风闲步

彩霞枫叶层林染,蓝空秋风送鸟还,
脚下枯叶掩路径,树老叶黄盼明春。

深秋漫步森林。

424. 旧时局

夜深人静梦入空,暗宇无际日月昏,
朦胧无边万事隐,过往未来盼清明。

封建时代时局

425. 林秋

秃枝孤鸟秋风劲,满叶盖地枯草隐,
林木似箭刺蓝空,白云似盾护苍穹。

深秋景

426. 迷音

耳边靡靡音,舞台姿飞扬,
世间万事涌,姿音是屏障。

旧社会时局

427.　　时局

世间风云千变化，前路漫漫藏悬崖，
长河风浪权贵起，折磨受难是鱼虾。

历代王朝时局

428.　　民族文化

史迹展示情伤感，思昔恩仇何之源？
天南地北习俗异，同生共宇扔手难。

民族纷争

429.　　民族

黑奴附主飘洋渡，世代为奴且偷生，
时事风云千变化，如今肤异同权富。

参观美国华盛顿民族展览馆有感。

430.　　海景

房隐树绿成一线，蓝空银水上下天，

鸟翔船游波光耀,白云飘浮瀚空远。

美国佛罗里达南面海景

431. 思故乡

天边挂明月,远目思故乡,
意随银波去,故境旧忆切。

洋畔思故乡。

432. 秋

蒙空秋雨绵,风凉秃枝摇,
瀚空雁南飞,脚下秋草黄。

深秋

433. 闲步忆昔

昔日情思水流去,林间花丛留足迹,
远望蓝空夕阳下,彩云飘过恋天涯。

森林散步忆昔。

434.　　祝酒歌

青春美如玉，愉情悠四方，
日月舞姿伴，朝花耄年康，
万里窗前杯，共酌在他乡，
遥祝美长寿，岁月江水长。

在大西洋岸祝福太平洋东岸同学七十大寿。

435.　　民族

风雨残迹旧痕在，后嗣触目各情怀，
历史恩怨何时了，风雨过后盼未来。

美国华盛顿参观民族博物馆。

436.　　冬天

霞光秃枝静，树杆立密林，
黄叶掩枯草，巢边飞鸟行。

冬林

437.　　寒冬

冬来寒风劲，秃枝鸟声绝，
雪花缓空下，银枝无人影。

冬雪

438. 暖冬林步行

树枝碎蓝空，秃林阳光染，
黄叶掩枯草，树密寻路难。

冬林

439. 林雪

阳光秃枝雪，满目银光白，
林寂寒风劲，雪海人影斜。

冬季漫步美国公园景。

440. 遗物

展景万物百态景，五湖四海山川影，
万年遗物今叹昔，飘泊流世何处根。

参观美国华盛顿民族博物馆。

441. 遐想

地质变化亿万年，沧海桑田岩石现，

亿万年后人安在，嗣何物根没宇间。

参观美国华盛顿历史博物馆。

442. 农业

车行千里玉黍地，阳春三月禾苗青，
秋风送穗农夫忙，普惠世民餐桌香。

开车行走在美国中部农场。

443. 瀚空

绿峰入空散白花，碧水蓝空云断崖，
远望天穹独一线，世间万物入云天。

站在高山上远望天际。

444. 社会

靡靡之音迷人醉，暗流涌动源是谁？
一朝风暴遍荒野，梦醒昔日燕舞飞。

读史书感想。

445. 同学会

耄年同窗今相见，沧桑岁月难尽言，
窗外艳花昔日容，初别离情夜梦还，
哪怕天涯千万里，一夜春风回校园，
今生有缘常相会，留住情谊寿永远。

同学会

446. 事业

人生谋事千陌道，世事沧海难圆心，
身世受制难事成，随波逐流渡人生。

人生

447. 人事

今夜腹餐饱，不思明日惊，
世事莫奈何，随风逐浪行。

草民无奈。

448. 海湖

天穹日出照山川，粮田树林荒草地，
悬崖深川湖蓝水，瀚空阳光海无边。

美国佛罗里达，美国最南端海岛景

449. 海滩躺椅

海滩椰下微风轻，躺椅鸥欢入梦景，
展翅万里无海际，翔空目下波光粼。

海岛上休息入梦。

450. 海桥

前路千岛桥相连，蓝波浮屿漂水面，
天海一色瀚空远，脚下途路惧水淹。

美国佛罗里达洋面桥行车路上。

451. 海岛

海滩椰树微微风，青波粼粼入天穹，
环目远望不见陆，恰是扁舟飘波中。

美国佛罗里达南端，大西洋海岛赏景。

452. 雪

阳光秃枝雪，林寂寒风劲，

满目银光耀，雪海人无影。

森林赏雪。

453. 期盼

富贵豪宅掷千金，草民哀声叹世情，
历朝千载风不变，草民后嗣盼清明。

草民参观巴哈马高级酒店。

454. 楼峰一耳

蓝水浮宇入白云，瀚空似纸是写真，
千描万画难释意，楼顶云花插秀瓶。

美国最南海岛，观蓝空白云高楼。

455. 岛楼

高楼无基浮水面，白云似花秀瓷瓶，
蓝空海面夹一线，夕阳霞波视目远。

夕阳下观美国佛罗里达迈阿密。

456.　　小岛

水漂红树林，银波映树影，
鱼游林间水，鸟翔水中林。

南美加勒比海小岛

457.　　夕阳海面

日落海面霞光染，无边银波长虹现，
西下夕阳东勾月，万目难尽天海间。

太平洋东岸观日落。

458.　　日夜

霞光红日降海面，无边蓝波隐光环，
地球那边朝阳灿，朝朝暮暮永循环。

大西洋岸观日落，遥想太平洋东岸。

459.　　海岛

椰林树下陋茅屋，寂静无人波中影，
鱼游门下鸟入水，无边汪洋微风静。

南美加勒比海小岛

460.　　可垦良田

远望满目洼草地，鳄鱼横行水鸟飞，
垦荒为田养万民，农夫望空长叹惜。

游览弗吉尼亚生态公园，要是垦为农田多好。

461.　　海面

天蓝水绿分一线，万顷蓝波荡无边，
园穹蓝空罩波面，环顾四周银波闪。

站在航行在无边大海的游船上观景。

462.　　海明威

漂泊世界各地，接触各色人物，
经历各种风险，体味百味人生，
融汇千奇情感，笔下意味横生，
迷感亿万读者，传奇千古留名。

参观海明威旧居有感。

463.　　渔民

大洋蓝波飘小岛，大桥如丝相牵连，
椰下茅屋似鸟巢，鱼夫捕鱼养老小。

迈阿密大西洋中小岛渔民

   464.   蓝空小岛

绿叶灌木撑蓝空，根入蓝水银波动，
大洋似镜绿林影，似云飘浮在半空。

大西洋中小岛

   465.   餐食

餐桌文化几千年，五湖四海环境异，
生存条件各秋千，美洲杂食简便餐，
非洲荒漠野生味，中华文化几千载，
五味杂陈味色全。

游历世界各地餐食有感。

   466.   世俗

游历世界各地，触景情感万千，
人世百态各异，史事流水忘年。

人生感慨

467.　　花园

蝶飞优姿眼着迷，花艳各色染蝶翼，
轻风绿叶伴舞飞，春光满园令人醉。

佛罗里达参观蝴蝶园。

468.　　湖

雾锁湖面眼光短，四围青山目不见，
澈水沙石鱼闲游，昂首水鸟立石边。

大西洋湿地公园

469.　　农夫

汗眼望峰直，脚下梯步陡，
肩负食粟担，朝出晚到夕。

山区农夫劳作。

470.　　打工

田头地角勤耕耘，秋收难慰耕者心，
薄田难养农夫命，外出打工离家门。

打工者的无奈

471.　　林冬

蓝空满目秃枝影，寒风轻过静树林，
遍地枯叶不见路，动物避寒藏洞深。

冬季步行林间。

472.　　赏花

花木伴步密无间，头上枝花脚下粘，
目过千艳不相识，步恋花木行肢缓。

春暖花开，漫步花园。

473.　　海陆空

视界辽阔无边际，粮田树林荒草地，
悬崖深川湖水蓝，瀚空阳光海无边。

美国南卡罗莱纳州

474.　　老家

绿深莽林影，祖茔何处寻，
子嗣天下居，根脉何处生。

回到老家，四处荒野，没有茅屋，只有遍山的森林。

475. 蜀道

蜀道难,难于上青天,脚踏古道令人叹,
峰壁栈道千里遥,胆颤心惊英雄胆,
是征是迁登天难,穷途未路望空叹。

攀爬剑阁栈道,回想古人征战,迁涉之路,非常人所愿。

476. 儿歌

婉转歌声悠悠情,漂游故乡山水青,
幼时眸眼伴情在,万里海外昔日影。

游闲悠步在美国家邻公园青山绿水间,放着儿时音乐,万里之外的故乡犹在眼前。

477. 广元山林

高山云雾昏,骄阳昏空隐,
青峰林中暗,溪水青无影。

行走在中国广元山林间。

478. 桂林

峰巅似笔湖水墨,蓝空白纸意难抒,

笔峰林立千万载，云雨彩虹亿年屏。

桂林山水，山水湖泊，白云蓝天，峰似画笔，蓝天似屏，景象万千。

479. 剑阁栈道

头上峰足下浪汹，一线蓝空白云缝，
峰壁无道手攀岩，涛声轰鸣似雷声，
心悬一线望空叹，但愿长翅上蓝空。

剑阁峡谷攀岩。

480. 剑阁

江边树青亭杯茶，望峰隐刹蓝空下，
昔日英雄拒巴山，而今车辆驰天下。

游中国剑阁有感。

481. 守关将士

烟云散去青山留，历史长河战鼓休，
英雄根至群峰后，筑关雄守拒脉流？

镇守剑阁关多少将士来自中原，不准中原人士入川，岂不是不认祖先吗？

482.　青山湖

瀚空白云青山近，湖水映空鱼鸟亲，
闲步入景隐身影，意随轻风情不尽。

行走湖泊山林间，鸟翔水面鱼游水间。

483.　修士

长卧青山中，腹饥野粟充，
世间空山静，林近草木亲。

放弃世欲的修士，隐居山林。

484.　唐玄宗

唐皇逃此路艰险，伤心落泪忆长安，
浴水玉身贵妃艳，奢靡逃亡叹何言。

忆想当年唐玄宗逃亡行走攀爬在栈道上，悔当初迷恋酒色……

485.　旧念

莲花玉藕联，艳色迷人眼，
众目随影慕，昔日叹自贱。

青春年少时，一个年青美貌的女同事，令同龄男孩垂涎，要是自己有才有貌该多好哇！

486. 同学情谊

同室共寐窗前月，书桌相联面面窥，
朝书晚习共昔日，毕业卷被各东西，
耄年相见忆旧容，情意绵绵相依依。

退休后老同学相会……

487. 人生

人生似海浪无边，远航万里不复还，
蓝空浪平风雨夜，无尽颠簸到港湾，
回望瀚海情无尽，悟醒人生应尽欢。

这首诗写给认识的一位女企业家，她出生平民，经过艰苦奋斗创业，她收到这首诗，感叹正是我的这一生。

488. 创业

天高地远涉生途，难测前途悬崖深，
一朝误判跌深渊，再复初路万事难。

告诫创业者。

489. 离别

唐诗多为离别愁，徒步险道深涧流，
高山阻隔万里丘，今生泪别前路茫，
千思万绪回头望，留下别影念远方。

读离别古诗有感。

490. 思关夫

万里遥思寨，崖路远山绝，
帘外雪接天，夜愁梦关塞。

读古诗，征夫之妻伤感。

491. 思夫

古代女子多忧愁，万里关夫何时休，
千山万水瀚空远，遥梦空云夜泪流。

古时征夫之妻夜梦。

492. 怨妇

古代多怨妇，念夫在远关，
泪眼倚门望，日月秋冬寒，
两鬓白发浓，相见在何年？

读唐诗有感。

493.　　思念

古诗忧语尽，离别千思情，
途远荒径悬，千诗万人泪，
意语荡心田。

古诗感人。

494.　　富贵与贫穷

初春雨后群山静，散落茅舍炊烟轻，
田翁蓑斗农耕忙，粗茶淡饭农夫吞，
锦衣玉食权贵宴，何论天下谁公平？

封建社会

495.　　荒野

气喘吁吁石路尖，目不离径荆棘缠，
枯木虫蛇荒草隐，犹如荒野亿年前。

美国马里兰州原始森林爬山。

496. 社会

戏语歌舞荡台院，议政阔论在高堂，
商贾奔窜客户间，忍冻流汗农夫泪，
史事世态流水去，人间生态谁该念？

读史记感怀……

497. 故旧宅

忆昔旧宅荆棘淹，儿时旧影入茅间，
崇山草木念旧情，旧时幻影念眼前，
求生远走海外去，远方白云隐万千。

如今生活在美国，回国探望故乡，一生奋斗的艰辛在远方的白云下思念。

498. 关夫

怨女关夫情思念，瀚空路险难相见，
步艰万里回故里，山高水险梦难圆。

古时关夫决心徒步回家，遥远艰险的古道充满风险。

499. 性格

人性各异千万德，犹是深涧难逾越，

功名利禄由性定，可叹刘项各分别。

一个人的性格很难改变，刘邦和项羽性格各异，铸就了他们各自的人生。

500. 春天

春枝叶芽嫩，林鸟筑巢忙，
茅宅炊烟轻，农夫耕田忙。

农村春景

501. 世乱

天下世规乱，怨因民间生，
一旦风云起，怒气民间泛。

历朝混乱之源

502. 远离别

一别万里路艰险，相见渺茫如云烟，
离别泪目长回首，影像旧貌留心间。

古时离别之苦

503. 微信

留言如面长思念,万里之遥在眼前,
昔日丽影宵夜梦,微信宇空一线牵。

看微信越洋情思。

504. 社会

草民茅宅粟食尽,权贵妃花歌舞频,
天下何时公平制?千年帝制何主新?

回忆祖先世道。

505. 湖侧步

瀚空遥远青山近,湖水映空鱼鸟亲,
闲步入景隐身影,步侧水面鱼鸟邻。

青山湖闲步。

506. 湖景

瀚空峰入云,白云花断崖,
碧波荡秀景,鱼鸟上下影。

游高山湖公园。

507. 改朝换代

皇权皆为新帝争,甜言蜜语迷草民,
沙场血染皇袍衣,谁帝回首念旧情?

战乱

508. 别墅

白云花朵碎蓝空,阳光似柱撑天穹,
远目青山溪流隐,黄宅散落炊烟中。

春天美国弗吉尼亚别墅景

509. 游船洋中景

银波蓝空夹一线,环顾四围天边远,
云飘水里鱼游天,寻觅峰峪影不见。

洋景

510. 清晨

清晨闲步草沾露,巢边鸟声催伴行,
朝阳斜染林叶嫩,万物静醒觅食出。

清晨散步。

511. 庸民

歌舞升平糜糜音,庸世草民夜梦深,
一朝风雷乾坤乱,草民梦醒已无魂。

历史

512. 世界史

沧海桑田几千年,古往今来万事千,
民间世俗民族异,族裔相争下人贱。

世界历史

513. 农耕

夏至农耕忙,禾苗立田厢,
秋收稻入仓,世民养生粮。

农业

514. 生活

朝去田野暮时归,春夏秋冬汗泪流,
一生卒后粟养谁?皇天帝贵歌舞飞。

封建社会

515.　　茶马古道

茶马古道商贾影，群峰栈道丘野径，
行路途中盗横行，千里迢迢需虎胆，
珠宝丝绸利万千，冒险一行财横生。

旧时茶马古道情

516.　　春农忙

朝晓轻风暖，树草花色艳，
雌鸟觅卵巢，农夫忙田间，
炊烟散宅林，村妇忙养蚕。

春耕农忙景

517.　　林中别墅

草坪林树独宅隐，房停豪车野禽行，
门闭宅静窗几明，居者晨出谋人生。

美国独宅

518.　　交通

昔日坚石泥泞道，群山栈道竹筏渡，
今日坦道车千里，峰下隧道沟河桥。

今昔交通

519.　　海景游

天穹蓝空似如盖，罩海银波云相连，
环视天海接一线，人稀鱼鸟上下欢，
只身入水鱼为伍，沧海为家际无边。

美国南端海边游泳。

520.　　货币

铸币皆为贸易便，万物交易变纸钱，
智者拥物观时变，庸者持币待利攀，
信用慰籍造物者，一朝风云化纸烟。

纸币

521.　　求生

人生降世初为乳，天下世民食为天，
奔忙田野赴沙场，舍命挥汗为食粟。

草民人生

522. 民歌

民歌婉转下民情，悲喜哀乐荡田林，
日月流逝山河旧，后嗣词异旧时音。

民歌源

523. 民族

世界风云涌万千，海阔天空陆相联，
族俗不同文化异，世界大同难如愿。

世界时事

524. 交通

望峰崖路上云天，群山栈道存千年，
今日隧道山下隐，千里长途一日还。

今昔道路

525. 流民路

秋风叶落蒙尘尘，前路漫漫心意冷，
脚下无道双目昏，日后流落何安生。

流民

526. 宇宙

时光日月辉,星球宇宙游,
时光无记数,瀚空何边垂?

宇宙

527. 流浪

弃走故乡寻生机,饥寒交迫伴朝夕,
乞目路人有谁顾,一去生路有谁知。

流浪者

528. 史迹

时代造英雄,世间生路迥,
艰难铸智谋,朝流助成功。

时事

529. 历史

时过境迁山河变,风云过后新宇间,
世事留文传天下,后嗣思古叹万千。

史鉴

530. 移民

万里渡重洋，海外谋人生，
脚下天涯路，漫漫渡人生。

人生

531. 校友

明亮教室温暖寝，谈笑风声默默情，
毕业一别各天涯，校谊常思渡人生。

同学情

532. 时世

学而优则仕，深植汉人心，
治国平天下，历朝有几人，
传颂几千年，皆为利权生。

时世

533. 人生

生命降世启人生，生路漫漫多风云，
风平浪静是福份，暴风狂浪劫人生，
谁能自主人生路，世事风云定乾坤。

人生路

    534.   宇间生态

世间生物种万千，共处宇间无数年，
相食相残相依存，形成生态共宇间。

生态

    535.   离家门

年后匆匆离家门，妻孩泪眼望去影，
天涯他乡挥泪汗，离多聚少为生存，
来世愿作鸳鸯鸟，鹏程万里不离分。

打工仔

    536.   遗物

历史风云已过，旧痕遣留至今，
昔日风雨旧影，铭刻后嗣心灵。

参观历史博物馆。

537. 社会

天下社会千般迥，恰是沧海似天穹，
天翻地覆万千象，风雨尘间潜蛟龙。

社会人文

538. 社会

历史风云已过，旧痕遗留至今，
昔日风雨旧影，铭刻后嗣深心。

历史事件

539. 工匠

降世深山庶母出，家贫如洗日难渡，
凿石劈木能养生，爬石攀檐造木屋，
夏日挥汗冬披雪，微薄工钱养家人。

草民学技术求生。

540. 流浪

流落他乡寻生机，险峰浪涌伴朝夕，
前路莫测千万里，一去生路有何期？

难民

541.　　移民人生

万里渡重洋，海外谋人生，
从此天涯路，漫漫谋生存。

移民

542.　　山区村民

坡土青苗崖间林，沟深隐溪微风轻，
峰入云朵瀚空远，炊烟轻散林宅顶。

山区乡村

543.　　春色

春草初叶嫩，野花伴草青，
叶茂隐树枝，花朵艳林深。

春暖花开

544.　　古文

中华文化几千年，象形文字随意变，
世事习俗是文根，意深函脉释义难。

中华文化

545. 世界习俗

习俗源自生存世，千差万别异族裔，
生态制衡粟食别，信仰制度各礼仪。

习俗

546. 世规

世间种族性各异，习俗交流议彼此，
生存共处需定制，和谐携手共相依。

社会制度

547. 经济

种粟养殖人各异，农耕制造相互依，
生活物资靠交易，共生社会是经济。

经济

548. 生意经

商贾贩物为赢利，市场睿智和运气，

一朝鸿运银钵满，途遇风险亏本弃，
为何商贾市如云，豪赌一把变人生。

生意

549. 智商

人生富贵乃性定，陌路万千自选径，
睿智毅力是根本，嗜好铸就定人生。

人生

550. 求学求生路

求学他乡为学识，习俗文化千般异，
刻苦攻读旧俗改，成家立业留后裔，
远望瀚空忆旧昔，故乡往事他乡忆。

海外人生

551. 农夫

深山农夫累，朝出暮色归，
暑热寒冬野，终年为生维。

农夫生活

552.　老年心态

人生道路万万千，前路漫漫风云变，
酸甜苦辣渡时艰，耄年心宽养身颜。

耄年人生

553.　溪边闲步

空中云似斑，日光昏如盘，
微风轻拂过，林深静如蝉，
轻步溪边过，澈水鱼游玩，
林鸟忧声切，高亢求侣伴。

阴天清晨闲步公园。

554.　林秋

秋深天气凉，林叶千色斑，
红黄绿点缀，犹如春花艳。

秋天森林景

555.　人心

今昔同日月，新岁换旧载，
世事千差别，人性逐权益，

草民难主宰，百姓盼世泰。

时世

      556.   境貌

北部边疆风雪盖，南陲碧海树草青，
横跨国土数千里，粟田青山伴路径。

美国疆土

      557.   思乡

成年留海外，只为圆梦境，
难忘儿时伴，恋昔深山情。

怀昔

      558.   忆幼稚

天蓝宇空远，瀚海波无边，
望海蓝空后，情思故乡景，
儿时父母影，跟随左右行，
如今留海外，千山万水情。

游子他乡思

559. 人生

人生渡岁月，身世千差别，
贵人宴舞伴，穷人食粟没。

人世

560. 宅景

海外宅林中，鸟兽绕宅伴，
四季各呈色，花草树叶艳。

海外住宅

561. 文化

风起东方漫世间，忠孝节义几千年，
西边生风遍河山，公平竞争为利干，
东西信仰各利弊，事后公论后嗣鉴。

东西方文化信仰

562. 史事

历史世事过云烟，后嗣今生史事鉴，
褒贬史事各己见，世道身世是关键。

世论

563. 学士

学舍勤学为人生，起早贪黑书伴行，
恩师授语铭记心，知识渊博事业成。

志士

564. 农夫

沟横山遮空，阳光井天中，
遥想海天远，外游难圆梦。

深山老农夫

565. 农夫

草民无车舟，外出无资凑，
一生深山累，茅宅渡春秋。

深山农夫

566. 深山孩童

深山孩童崖石路，晨出夜归奔校途，
期盼升学出山去，改变人生他乡留。

深山学童志向

567. 农民起义

农夫挑担山路艰，耕田种地收获难，
交租纳税剩无几，奔忙一年望空叹，
人生道路在何方？无望绝路逼造反，
振臂一呼分田地，四海农夫尽欢颜。

农民起义

568. 习俗

世间泛泛千世变，时过境迁难承乾，
日新月异换新貌，人性难改旧俗延。

几千年封建社会

569. 市景

繁华街市人穿梭，步履各异各穿着，
千怀心事容颜异，购物闲游扛工过。

街市

570. 历史

立朝换代立新规,朝政整肃固边陲,
日久生腐朝纲乱,乱世风云江山溃。

王朝兴败溃亡。

571. 人兽共生

山野草木青,鸟兽繁衍生,
农耕辟粮田,领地人类侵,
人兽共栖住,大地共生存。

爱护动植物。

572. 村妇

村妇居家护老幼,养畜种田布衣绣,
紧衣缩食渡时日,梦想出山观世景,
粗食盘餐钱难凑,深山一生渡千秋。

深山村妇一生

573. 学童

幼童教室进,临桌孩貌疏,
教师严长辈,稚怯言语轻。

山区小孩入学。

574. 筑路工

道路平坦越山河，开山劈石架桥过，
路工四季挥锤铲，寒冬酷暑汗霜多。

筑路工人

575. 建筑工

造屋工匠汉，四季高空野，
寒冬手足裂，酷暑肤晒黑，
贵人居豪宅，谁知造屋艰。

建筑工人

576. 移民

降世深山家世贫，外面世界无戚亲，
先祖奋斗为生存，祖留遗迹示后裔，
深山人缘土地少，勇闯世界变人生。

山区贫民子弟

577. 黄河

长江黄河水，万溪千流汇，
东西南北中，万年地质型，
江河水润物，中原文明生。

中原文明

578. 人才

现代学府遍世界，文理各科学士多，
治国理政实业广，人才济济市场旺。

科技人才

579. 食粟

中国疆土广，地形气候异，
食粮粟种多，族群各食依。

多民族食俗

580. 民族文化

中华文明几千年，东西南北族裔繁，
习俗异冲突千年，文明融合共发展。

今天民族和谐。

581. 农业

山峰沟纵横，梯田多粟种，
春夏各呈色，秋收进仓中。

山区农作

582. 学子

古代书生少农作，唯进仕程为众尊，
学子四海遍天下，圣点朝官有几人，
天下众多学子路，散落街村隐无名。

古时学子命运

583. 背包客

辞别千山远，野路无行人，
独游尝奇景，鸟兽伴随行，
露天野帐住，干粮泉水饮。

背包独行客

584. 学途

幼童学校六年书，校路山野泥泞路，
白日寒窗夜挂月，书里文章释义切，
人生如海需技艺，前路漫漫凭学业。

山区学生途

585. 世事

天下为官权禄源，草民赋税养圣天，
历朝风雨寒粟起，关夫田翁撑天威。

世道

586. 世界

天南海北阔无边，世界文化共识难，
遨游世界人生短，大同世界难实现。

世界文化

587. 打工仔

走南闯北寻打工，北寒南暑异不同，
各行各业技艺别，千难万苦奋斗中。

打工仔

588. 长江

长江源头雪山盖,千迴峡谷崖下流,
山野平原千川汇,万里奔流入东海。

长江

589. 黄河

沙峰雪水黄河源,流经沙丘十八弯,
丘野平原山下漫,黄水滋养黄土地,
万里奔流入海面,养育中原文明源。

黄河

590. 环境生物

朝阳初出散晨露,万物晨醒日月新,
阳光细雨润生长,世间生物永生存。

世间生物

591. 长城

长城万里旧痕留,树草淹没古人丘,

万里城墙阻外虏，筑夫泪汗染千秋，
留迹后世为观景，难逝边疆英雄魂，
历史风云已过去，开拓文明万世新。

长城

592. 创业

百业创新难，初始万事辛，
市场千变化，成功有几分，
毅力睿智成，天下有几人？

创业者

593. 春物景

蓝空云花飘远方，春风轻拂暖万物，
艳花点头谢阳光，林鸟欢愉林枝畅。

初春

594. 国外游

漫步青山异国间，山水各异景万千，
旧时故乡映心里，儿时身影荡心田。

国外旅遊故乡情

595.　世风

宝马卷风过，古人马金鞍，
傲目视无人，路边寒士叹，
今日奢靡风，日后风烟散。

今古世风

596.　夕阳风景

夕阳西下彩云飘，万里峰间崖色燿，
绕山川流涧霞隐，万物静寂待夜眠。

群峰夕阳下

597.　共生存

游历千山万水，景物各自万千，
世界生态各异，和谐共处人间。

世界和谐共生。

598.　技术

遥想海外天空阔，学习技识追梦中，
一朝践行海外去，深知学识技不同。

海外学技识。

599. 暖春

草青青，树绿绿，微风轻拂过，
蓝蓝空，云朵朵，朝阳暖万物。

气候

600. 晨溪散步

晨步林溪边，林鸟随身伴，
溪鱼清水寻，径草轻露沾。

清晨林中散步。

601. 侨胞

故乡明月空，明星散天穹，
四海移民散，嗣根系祖宗。

明月望空思故乡。

602. 东西方时光

东球朝阳艳，群山万物醒，
西球月光亮，万物已入眠。

地球时光

603. 世界

大国人丁财富旺,忌妒穷人入边疆,
资源来自穷国人,世界公平在何方?

世界公平乎?

604. 气候生物

朝阳初出散晨露,万物晨醒日月新,
阳光细雨润生长,世间万物养生存。

生物世界

605. 英雄

世事风云千变化,风险莫测如悬崖,
如履薄冰心胆颤,如何处事心坦然?
唯有英雄耀世间。

英雄气概

606. 离别

远望山路下，泪眼别离影，
峰云隔外世，望空思友人。

深山别友。

607. 交通

如今万里一日见，古人百里愁断肠，
战夫徭役万里外，妇离夫远日茫茫，
今日世界视为家，五湖四海工作忙。

交通世事

608. 诗之源

诗语发自诗人心，字字千意犹似人，
喜怒哀乐字间语，荡发世间万事情。

情诗抒怀。

609. 风雨鸟

瀚空万里云，众鸟翔觅景，
风雷暴雨骤，密林巢避困，
不望蓝空明，寻觅食为生。

候鸟

610. 静意诗

静庐诗意涌，鸟鸣微风轻，
孤心世尘绝，闲情散瀚空。

独屋诗意

611. 情意

古诗多为离别情，一去千山万水深，
蓬舟徒步山水远，遥望瀚空离亲音，
别后相见无期定，万情奔放留千文。

离别诗

612. 休闲

海外林宅静如蝉，台榭闲坐仰蓝天，
微风云花漫游空，往事淡去如轻风。

海外林宅休闲。

613.　　奢想

天下同富谁耕种，大街小巷臭难闻，
边塞峰火丧万夫，权贵花楼夜歌声。

打扫卫生，清洁工，关夫，农夫，谁干？

614.　　史事

历史风云谁之过，功名利禄权为心，
召告为民谁践行？黄沙掩没壮士隐。

历史

615.　　诗源

诗是情，言是文，
留后世，意无尽，
万水千山瀚空远，喜怒哀乐世间音。

诗魂

616.　　茶散情

茶味青香入胃心，融散心中万事情，
高台楼榭官商事，田间纤夫泪汗影，
味香散去昔日恨，往事烟云微风静。

林亭独饮茶。

617. 生途

夕阳晚霞岁月去,白发千丝联忆思,
雏子绕母随人行,男女生别恋目影,
毕业四散何处寻,求生路上千百迴,
酸甜苦辣意味深,夫妻携手共时艰,
岁月流去难忘情,惜今生彩霞空尽。

人生

618. 商贾,关夫

古时路艰险,离别生死情,
瀚空云天外,情人思中影。

古时夫妻离别。

619. 遥想

泥沾缕衣野石坐,望空白云峰外合,
遥想天外大千世,囊空腹饥有几何。

一个山间年轻农夫对天外大千世界的向往

620.　　杜甫

悲苦流离荡一生，志不得意靠友人，
风雨情思笔下露，终老不见故乡亲。

人生

621.　　思乡

远望峰尖夕阳下，天涯深处是老家，
霞空云海波无边，幼姿老宅思相联。

美国思故乡。

622.　　为谁

朝去田野暮时归，春夏秋冬泪汗流，
一生卒后粟为谁？皇天袍衣歌舞飞。

古时世间

623.　　贫富

世间财富分类聚，财产皆为权所据，
税制出自为官口，下民税后难充饥，
历朝权贵是一体，百姓为奴苦渡日。

古时财富

624. 封建社会

诸候万户税为禄，花天酒地下民苦，
皇恩浩荡权贵浴，草民腹饥洞穴住。

古时社会

625. 乘车游

千里一日游，车坐慢悠悠，
窗外万景过，览尽世间秀。

坐车旅游。

626. 峰崖观景

绿坡似波荡天边，崖亭半空视无限，
蓝空白云天际接，环宇满目水连山。

天涯海

www.ingramcontent.com/pod-product-compliance
Lightning Source LLC
Chambersburg PA
CBHW030906080526
44589CB00010B/172